Prüfungswissen Medien & Druck

Formeln, Kennziffern und Definitionen
für Digital- und Printmedien

Peter Krahé · Marco Naber · Jens-Uwe Steudte
Prof. Dr. Frank Stolze

Prüfungswissen Medien & Druck

Formeln, Kennziffern und Definitionen
für Digital- und Printmedien

TLA
TeleLearn-Akademie

Bibliografische Information der Deutschen Bibliothek:
Die Deutsche Bibliothek verzeichnet diese Publikation in der Deutschen Nationalbibliografie; detaillierte bibliografische Daten sind im Internet über http://dnb.ddb.de abrufbar.

Autoren: Peter Krahé · Marco Naber · Jens-Uwe Steudte

Vorwort: Prof. Dr. Frank Stolze · Anna Petrlic

Herausgeber: TLA TeleLearn-Akademie gGmbH

Herstellung und Verlag: Books on Demand GmbH, Norderstedt

ISBN 978-3-940613-03-5

Vorwort

Vorwort

Zunehmender Wettbewerbsdruck in der Medienbranche, bedingt durch die globale Ausrichtung der Konkurrenz, fordert eine Fokussierung auf die steigende Effizienz in Arbeitsprozessen. Informationen müssen in der heutigen Zeit schnell eingeholt, verarbeitet und angewandt werden. Des Weiteren steigt das Bedürfnis nach Informationen, die online zur Verfügung stehen, da flexibles Arbeiten in der Medienwirtschaft und der Betriebswirtschaft immer mehr gefordert wird.

An dieser Stelle setzt das vorliegende Lehrbuch an. Dank der guten Übersichtlichkeit der Themen wird den Bedürfnissen nach einem schnellen Überblick über Informationen und einem leichten Zugriff auf diese begegnet. Angesichts seines Charakters als Formelsammlung, lassen sich wichtige Definitionen und Formeln schnell wiederfinden. Die Inhalte sind so ausgelegt, dass sie es dem Leser erlauben, die Sachverhalte rasch nachzuvollziehen, ohne dass das Lehrbuch etwas von seiner Vollständigkeit einbüßt. Auf diese Weise fördert »Prüfungswissen Medien & Druck« das effiziente Arbeiten im Beruf und im Studium.

Dem Bedarf nach Aktualität des Lehrbuchs konnte durch die Einbeziehung der gegenwärtigen Gesetzgebung des Rechnungswesens begegnet werden.

»Prüfungswissen Medien & Druck« begegnet als Lehrbuch den steigenden Ansprüchen und Kompetenzentwicklungsprozessen von Medienfachwirten und Betriebswirten. Somit ist die Struktur der Formelsammlung so konzipiert, dass sie sowohl dem Anfänger einen guten Überblick über die wichtigsten Bereiche der Kosten- und Leistungsrechnung gibt als auch Fortgeschrittenen eine Hilfe im Berufsalltag bietet.

Für einen möglichst umfassenden Überblick über die Organisation und ihre internen und externen Aktivitäten, leitet »Prüfungswissen Medien & Druck« den Leser und Suchenden von einer Makroperspektive, bei der u. a. auf die Kooperationsformen eingegangen wird, hin zu einer Mikroperspektive, die einen Überblick über die einzelnen Unternehmensfunktionen bietet.

»Prüfungswissen Medien & Druck« wurde als Nachschlagewerk, insbesondere für Medienfachwirte, entwickelt. Freilich soll es allen Interessierten als Hilfestellung fungieren, die im Bereich der Betriebswirtschaft tätig sind oder dieses Fach studieren.

Das Lehrbuch »Prüfungswissen Medien & Druck« ist im Hinblick auf eine verbesserte Ausbildung von Medienfachwirten und die Qualitätssicherung der Lehre an der TLA TeleLearn-Akademie gGmbH entstanden. Auf diese Weise konnte den spezifischen Bedürfnissen der Ausbildung durch die TLA Rechnung getragen werden. Zur Erfüllung des Zwecks dieser Formelsammlung wurde das Buch in vier Themenbereiche unterteilt, die für die Ausbildung an der TLA als wichtig erachtet werden.

Der erste Themenbereich bietet einen Überblick über das betriebswirtschaftliche Handeln und die Aspekte des Kosten- und Leistungsmanagements. In diesem ersten Themengebiet werden nach einer Einleitung in Kapitel 1, in den Kapiteln 2 und 3 in kurzer Form die Unternehmens- und Kooperationsformen behandelt. In Kapitel 4 werden die betrieblichen Produktionsfaktoren wie Arbeit, Betriebsmittel und Werkstoffe betrachtet. Die Grundstrukturen betrieblicher Organisationen werden in Kapitel 5 erklärt. In Kapitel 6 wird der Leser in die Organisationsentwicklung eingeführt und in Kapitel 7 wird auf die Formen der Entlohnung eingegangen. Der kontinuierliche Verbesserungsprozess als Teil der allgemeinen Unternehmenskultur ist Thema des Kapitels 8. In Kapitel 9 widmen sich die Autoren dem internen und externen Rechnungswesen, gefolgt von der Abgrenzungsrechnung, der Abschreibung und dem Leasing in den Kapiteln 10, 11 und 12. Die Kapitel 13 bis 22 behandeln das Thema Kosten- und Leistungsrechnung.

Im zweiten Themenbereich wird auf die Medienproduktion eingegangen, indem in den Kapiteln 1 bis 12 das Gewicht auf eine umfassende Formelsammlung gelegt wird.

Der Bereich Audio und Video, Datenübertragung ist der dritte Themenbereich und beinhaltet Informationen zum binären und dezimalen Zahlensystem in Kapitel 1, zu Berechnungstechniken von Videos und Audios in den Kapiteln 2 und 3 sowie zu Datenraten im Kapitel 4. Die Informationen aus Kapitel 4 werden anhand eines Rechenbeispiels in Kapitel 5 verdeutlicht. In den Kapiteln 6 und 7 wird auf Übertragungstechniken eingegangen.

Marketing ist der vierte und letzte Themenbereich, indem dem Leser in den ersten zwei Kapiteln wichtige Kennziffern zur Bestimmung der Marktgröße und der Mediaplanung dargeboten werden. In den Kapiteln 3 und 4 werden die Analyseinstrumente des Marketings behandelt.

Mit diesem Buch wenden wir uns explizit an beide Geschlechter, werden aber in Zukunft zur besseren Lesbarkeit in der Regel die männliche Formulierung nutzen.

Hamburg, im Juli 2013
Prof. Dr. Frank Stolze

Paderborn, im Juli 2013
Anna Petrlic MA

Inhalt

Betriebswirtschaftliches Handeln und Aspekte des Kosten- und Leistungsmanagements

Medienproduktion

Audio und Video, Datenübertragung

Marketing

TLA
TeleLearn-Akademie

Betriebswirtschaftliches Handeln und Aspekte des Kosten- und Leistungsmanagements

Betriebswirtschaftliches Handeln und Aspekte des Kosten- und Leistungsmanagements

1. Überblick über Unternehmensformen

Die Unternehmensform stellt die rechtliche Grundlage eines Unternehmens dar und definiert somit die gesetzlich vorgegebenen Rahmenbedingungen eines Unternehmens, wenn dieses am wirtschaftlichen Geschehen teilnehmen möchte.

Die Unternehmensformen lassen sich grob in Einzelunternehmen, Personengesellschaften, Kapitalgesellschaften, Mischformen und andere Formen unterscheiden.

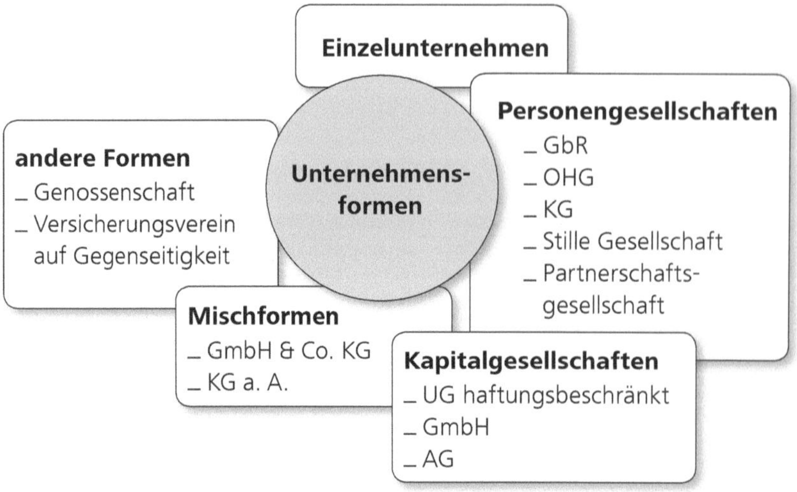

2. Konzentration und Kooperation

Eine **Kooperation** zeichnet sich durch eine freiwillige und zumeist auf vertraglicher Basis geregelte Zusammenarbeit rechtlich selbstständiger Unternehmen aus. Auch die wirtschaftliche Selbstständigkeit der kooperierenden Unternehmen bleibt – außerhalb der vertraglichen Zusammenarbeit – bestehen.

Bei der **Konzentration** kommt es hingegen durch kapitalmäßige oder vertragliche Bindungen zu einer Einschränkung oder vollkommenen Aufhebung der wirtschaftlichen Selbstständigkeit der beteiligten Unternehmen. Die rechtliche Selbstständigkeit der Unternehmen bleibt (weitestgehend) erhalten.

Wesentliche Ausprägungen der Kooperation und Konzentration	
Kooperation _ Kartell _ Konsortium _ Strategische Alianz _ Joint Venture	**Konzentration** _ Konzern _ Fusion (Verschmelzung)

3. Hauptfunktionen in Unternehmen

Ein produzierendes Unternehmen hat in der Regel folgende Hauptfunktionen:

⇨ **Wertschöpfungsorientierte Funktionen:** Beschaffung, Lagerung, Produktion, Absatz (Marketing)

⇨ **Übergreifende Funktionen:** Forschung & Entwicklung, Leitung , Verwaltung, Finanzierung

Die einzelnen Bereiche stehen zueinander in Beziehung und beeinflussen sich gegenseitig (Wechselwirkungen).

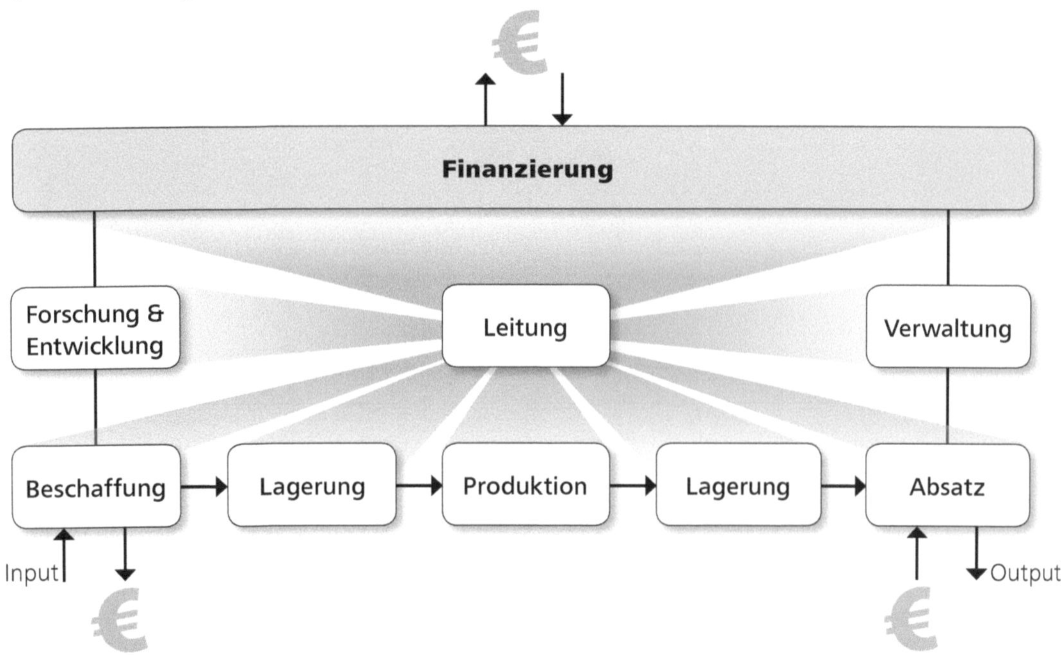

4. Betriebliche Produktionsfaktoren

Betriebliche Produktionsfaktoren

elementare Produktionsfaktoren
- Betriebsmittel
- Werkstoffe
- objektbezogene Arbeitsleistungen

dispositive Arbeitsleistungen
- originäre Entscheidungen
- derivative Entscheidungen
  - Planung
  - Organisation
  - Kontrolle

In der Betriebswirtschaftslehre unterscheidet man folgende Produktionsfaktoren:

⇨ **Elementare Produktionsfaktoren:**
Betriebsmittel, Werkstoffe (= Roh-, Hilfs- und Betriebsstoffe) und objektbezogene Arbeitsleistungen

⇨ **Dispositive Arbeitsleistungen** (oder auch der sog. dispositive Faktor):
Dies sind Tätigkeiten, die sich mit der Planung, Organisation und Kontrolle der betrieblichen Vorgänge beschäftigen. Es geht hierbei im Wesentlichen darum, den Einsatz der elementaren Faktoren möglichst effizient und produktiv zu koordinieren.

Anmerkung:
Die Volkswirtschaftslehre (VWL) teilt die Produktionsfaktoren in Arbeit, Boden und Kapital ein.

4.1 Produktionsfaktor Arbeit

4.1.1 Formen der menschlichen Arbeit

4.1.2 Arbeitsteilung (Artteilung und Mengenteilung)

⇨ **Artteilung:** Bei der Artteilung übernimmt jeder Mitarbeiter nur einen Teilfertigungsprozess an dem Gesamterzeugnis (z. B. Fräsen).

⇨ **Mengenteilung:** Bei der Mengenteilung übernimmt jeder Mitarbeiter sämtliche Fertigungsprozesse an einer Teilmenge des Gesamterzeugnisses (z. B. Fräsen, Bohren und Entgraten).

4.1.3 Arbeitssysteme

Die Zusammenhänge bei der Erfüllung von betrieblichen Arbeitsaufgaben sind oftmals zu komplex, um sie vollständig zu überschauen. Daher werden mithilfe von Arbeitssystemen komplizierte Arbeitsprozesse modellhaft (und somit vereinfachend) dargestellt.

Ein Arbeitssystem besteht im Wesentlichen aus den folgenden Systemelementen:

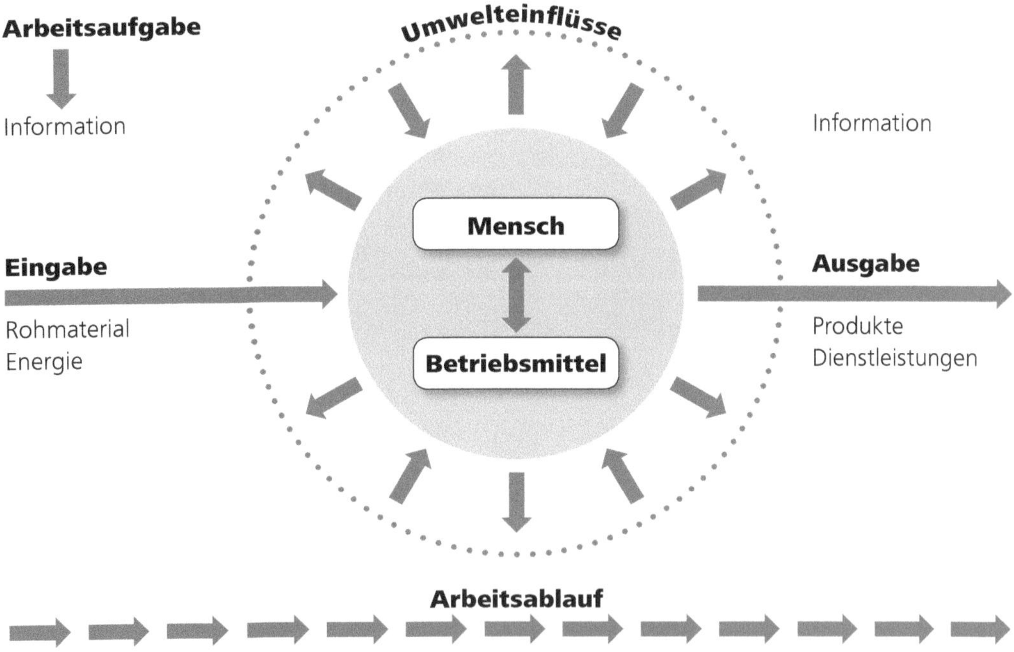

Man unterscheidet grundsätzlich folgende Arten von Arbeitssystemen:

⇨ **Technische Systeme:** Maschinensysteme (Maschinen sind hintereinander geschaltet)

⇨ **Soziale Systeme:** Zusammenarbeit von Menschen

⇨ **Soziotechnische Systeme:** Mensch-Maschinen-Systeme (Menschen arbeiten mit Maschinen)

4.1.4 Beurteilungsmerkmale des menschlichen Leistungsgrads

Der **Leistungsgrad (menschliche Arbeit)** ist das Verhältnis einer Ist- zu einer Soll- oder Vorgabeleistung.

Der Leistungsgrad kann nicht absolut, sondern nur **relativ** beurteilt werden (wegen der Streuung menschlicher Leistungen). Daher werden Leistungsgrade durch eine **Leistungsgradbeurteilung** (z. B. nach REFA) ermittelt.

Die beiden **zentralen Merkmale** einer Leistungsgradbeurteilung sind:

- ⇨ **Intensität:** Bewegungsgeschwindigkeit und Kraftanspannung der Bewegungsausführung
- ⇨ **Wirksamkeit:** Güte der Arbeitsweise des Mitarbeiters (Wie sicher, beherrscht und zielgerichtet wird gearbeitet?)

Formeln im Zusammenhang mit der Bestimmung des Leistungsgrades:

$$\text{Istleistung} = \frac{\text{Ausbringungsmenge}}{\text{Arbeitszeit}}$$

$$\text{Normalleistung} = \frac{\text{Ausbringungsmenge}}{\text{Vorgabezeit}}$$

$$\text{Leistungsgrad} = \frac{\text{Istleistung}}{\text{Normalleistung}} * 100$$

$$\text{Zeitgrad} = \frac{\text{Sollzeit}}{\text{Istzeit}} * 100$$

Anmerkung: *Die Istleistung entspricht der sog. Arbeitsproduktivität.*

Beispiel

Folgende Daten sind gegeben:

- ⇨ Ausbringungsmenge: 60.000 Stk.
- ⇨ Arbeitszeit: 5 h
- ⇨ Vorgabezeit: 6 h

Istleistung

$$= \frac{\text{Ausbringungsmenge}}{\text{Arbeitszeit}}$$

$$= \frac{60.000 \text{ Stk.}}{5 \text{ h}}$$

$= 12.000$ Stk. pro h

Normalleistung

$$= \frac{\text{Ausbringungsmenge}}{\text{Vorgabezeit}}$$

$$= \frac{60.000 \text{ Stk.}}{6 \text{ h}}$$

$= 10.000$ Stk. pro h

Leistungsgrad

$$= \frac{\text{Istleistung}}{\text{Normalleistung}} * 100$$

$$= \frac{12.000 \text{ Stk. pro h}}{10.000 \text{ Stk. pro h}} * 100$$

$$= 120\,\%$$

Zeitgrad

$$= \frac{\text{Sollzeit}}{\text{Istzeit}} * 100$$

$$= \frac{6 \text{ h}}{5 \text{ h}} * 100$$

$$= 120\,\%$$

4.2 Produktionsfaktor Betriebsmittel

⇨ **Betriebsmittel:** materielle Güter, die zur Produktion von Produkten und Dienstleistungen erforderlich sind.

Betriebsmittel geben innerhalb der Produktion ihr Leistungspotenzial ab, werden allerdings nicht Bestandteil der Produkte und Dienstleistungen.

Beispiele

Grundstücke, Gebäude, betriebliche Einrichtungen, Maschinen, Werkzeuge

4.2.1 Notwendigkeit von Investitionen

Erstellt oder beschafft ein Unternehmen Betriebsmittel, dann tätigt es Investitionen.

⇨ **Investitionen:** Verwendung finanzieller Mittel zur Beschaffung von Gütern, die dem Unternehmenszweck dienen.

Investitionen dienen der Erhaltung bzw. Steigerung der Leistungsfähigkeit eines Unternehmens.

4.2.2 Bedeutung der Kapazitätsauslastung

⇨ Die Kapazität ist das technische Leistungsvermögen eines Arbeitssystems (Arbeitsplatz, Unternehmen etc.) innerhalb einer Periode.

⇨ Die Kapazität wird durch die Art und Menge der vorhandenen betrieblichen Produktionsfaktoren »Betriebsmittel« und »menschliche Arbeit« bestimmt.

4.2.2.1 Beschäftigungsgrad

$$\text{Beschäftigungsgrad} = \frac{\text{eingesetzte Kapazität}}{\text{vorhandene Kapazität}} * 100$$

alternativ:

$$\text{Beschäftigungsgrad} = \frac{\text{Istbeschäftigung}}{\text{Planbeschäftigung}} * 100$$

Beispiel

Eine Druckmaschine druckt pro Stunde 7.000 Bogen (= Istbeschäftigung bzw. eingesetzte Kapazität).

Die vorhandene Kapazität der Maschine beträgt 10.000 Bogen.

Somit beträgt der Beschäftigungsgrad der Maschine 70 %.

4.2.2.2 Planungsfaktor

Der maximal mögliche Kapazitätsbestand ist zumeist nur theoretischer Natur. Denn in jedem Unternehmen gibt es auch gewisse Störungen und Unterbrechungen. Des Weiteren liegt die technische Maximalkapazität bei Maschinen in aller Regel auch über der wirtschaftlichen Kapazität. Dann ist es nicht zweckmäßig, die technische Maximalkapazität auszunutzen, wenn eine geringere Ausnutzung wirtschaftlicher (d. h. mit geringeren Kosten verbunden) ist.

Das Verhältnis zwischen tatsächlichem und maximalem Kapazitätsbestand wird durch die Kennzahl »Planungsfaktor« visualisiert.

$$\text{Planungsfaktor} = \frac{\text{Kapazitätsbestand}_{\text{tatsächlich vorhanden}}}{\text{Kapazitätsbestand}_{\text{maximal}}} * 100$$

Beispiel

In einem Betrieb könnte theoretisch pro Schicht 8 Stunden gearbeitet werden (max. möglicher Kapazitätsbestand). Durch Störungen und Unterbrechungen beträgt die tatsächliche produktive Arbeitszeit allerdings nur 7 Stunden (tatsächlich vorhandener Kapazitätsbestand). Der Planungsfaktor beträgt somit 87,5 %.

4.2.2.3 Kapazitätsbedarf

Kapazitätsbedarf = Kapazität an Produktionsfaktoren (menschliche Arbeit und Betriebsmittel), die zur Durchführung von Arbeitsaufgaben qualitativ und quantitativ erforderlich ist.

Kapazitätsbedarf = $t_r + (t_e * x)$

t_r = Rüstzeit

x = Anzahl Produkte

t_e = Ausführungszeit je Einheit

Beispiel

Ein Auftrag benötigt 2 Stunden an Rüstzeit und 30 Minuten an Ausführungszeit je Einheit. Insgesamt sollen 500 Produkte gefertigt werden.

Kapazitätsbedarf
= 2 h + (0,5 h pro Stk. * 500 Stk.)
= 252 h

4.2.2.4 Kapazitätsbestand

Kapazitätsbestand = Kapazität an Produktionsfaktoren (menschliche Arbeit und Betriebsmittel), die zur Durchführung von Arbeitsaufgaben qualitativ und quantitativ zur Verfügung steht.

Kapazitätsbestand

= Arbeitstage pro Periode * Arbeitszeit pro Tag * Anzahl Schichten pro Arbeitstag * Planungsfaktor * Anzahl Betriebsmittel

Beispiel

Ein Betrieb arbeitet 20 Tage pro Monat im 2-Schicht-Betrieb. Die tägliche Arbeitszeit beträgt 8 Stunden pro Tag (bei einem Planungsfaktor von 87,5 %, d. h. die produktive Arbeitszeit pro Schicht beträgt 7 Stunden). Der Betrieb verfügt insgesamt über 3 Maschinen.

Kapazitätsbestand
= 20 Tage pro Monat * 8 h pro Tag * 2 Schichten pro Tag * 0,875 * 3 Maschinen
= 840 h pro Monat

4.2.2.5 Auslastungsgrad

$$\textbf{Auslastungsgrad} = \frac{\textbf{Kapazitätsbedarf}}{\textbf{Kapazitätsbestand}_{\text{tatsächlich vorhanden}}} * 100$$

Beispiel

Ein Betrieb hat einen Kapazitätsbedarf von 252 Stunden. Der tatsächlich vorhandene Kapazitätsbestand beträgt 840 Stunden pro Monat.

$$\text{Auslastungsgrad} = \frac{252\ \text{h}}{840\ \text{h}} * 100 = 30\,\%$$

4.2.2.6 Deckungsbetrag (Kapazitätsdifferenz)

$$\textbf{Deckungsbetrag} = \textbf{Kapazitätsbestand}_{\text{tatsächlich vorhanden}} - \textbf{Kapazitätsbedarf}$$

Der **Deckungsbetrag** ist als absolute Kapazitätsdifferenz zu interpretieren.

⇨ **Überdeckung** (Deckungsbetrag > 0), d. h. Kapazitätsbestand > Kapazitätsbedarf; die Betriebsmittel sind nicht zu 100 % ausgelastet.

⇨ **Deckung** (Deckungsbetrag = 0), d. h. Kapazitätsbestand = Kapazitätsbedarf; die Betriebsmittel sind genau zu 100 % ausgelastet.

⇨ **Unterdeckung** (Deckungsbetrag < 0), d. h. Kapazitätsbestand < Kapazitätsbedarf; die Betriebsmittel sind zu 100 % ausgelastet und es sind noch Aufträge vorhanden, die nicht abgearbeitet werden können.

Beispiel

Ein Betrieb verfügt über einen tatsächlich vorhandenen Kapazitätsbestand von 840 Stunden pro Monat. Der Kapazitätsbedarf beträgt 252 Stunden.

Deckungsbetrag = 840 h - 252 h = 588 h

Interpretation: *Da der Deckungsbetrag > 0 ist, handelt es sich um eine Überdeckung, d. h. die Betriebsmittel sind noch nicht ausgelastet und es können weitere Aufträge angenommen werden.*

4.3 Produktionsfaktor Werkstoffe

Werkstoffe = alle Roh-, Hilfs- und Betriebsstoffe, Halbfertig- und Fertigfabrikate, die weitestgehend ganz oder teilweise in die Produkte eingehen und somit zu Bestandteilen des Erzeugnisses werden.

⇨ **Rohstoffe** gehen als Hauptbestandteile in die Erzeugnisse ein (z. B. Material).

⇨ **Hilfsstoffe** gehen nicht als wesentliche Bestandteile in die Erzeugnisse ein, sondern erfüllen nur eine Art Hilfsfunktion (z. B. Schrauben).

⇨ **Betriebsstoffe** werden zur Durchführung der Produktion benötigt, werden allerdings kein direkter Bestandteil des Produktes (z. B. Energie).

5. Grundstrukturen betrieblicher Organisationen

5.1 Aufbauorganisation vs. Ablauforganisation

Aufbauorganisation: legt die hierarchischen Strukturen fest.
(Wer hat welche Aufgaben und Entscheidungsbefugnisse?)

Ablauforganisation: legt die Abläufe und Prozesse der Leistungserstellung fest.
(In welcher Abfolge wird etwas gemacht?)

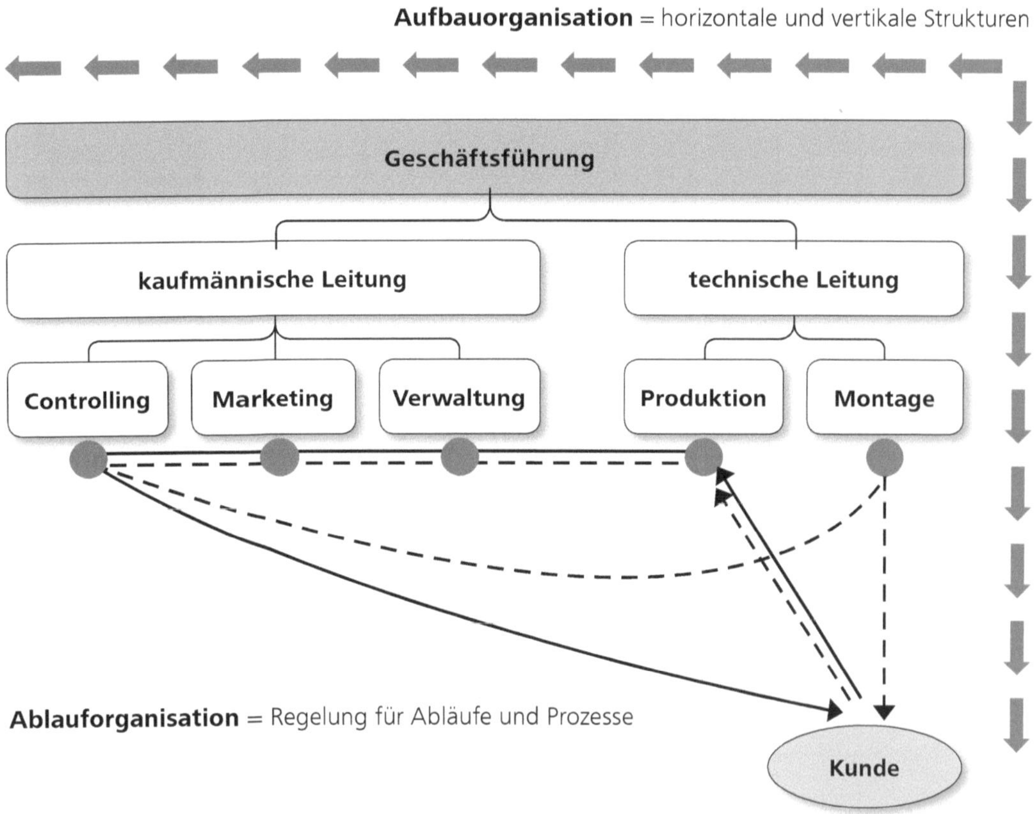

5.2 Aufgabenanalyse und Aufgabensynthese

Aufgabenanalyse: Zerlegung einer unternehmerischen Gesamt- oder Hauptaufgabe in Teilaufgaben bzw. Elementaraufgaben nach verschiedenen Zerlegungskriterien.

Die **Zerlegungskriterien** sind:

⇨ **Zweck**
(Hat die Teilaufgabe etwas mit dem Betriebszweck zu tun oder administrativen Charakter?)

⇨ **Objekt**
(An welchen Objekten (Produkte, Regionen etc.) werden Tätigkeiten ausgeführt?)

⇨ **Verrichtung**
(Welche Tätigkeiten werden ausgeführt?)

⇨ **Rang**
(Hat die Teilaufgabe ausführenden, entscheidenden oder leitenden Charakter?)

⇨ **Phase**
(Hat die Tätigkeit planerischen, durchführenden oder kontrollierenden Charakter?)

Im Anschluss erfolgt innerhalb der **Aufgabensynthese** die Zusammenfassung der durch die Aufgabenanalyse gewonnenen Teilaufgaben zu **Stellen** und **Abteilungen.**

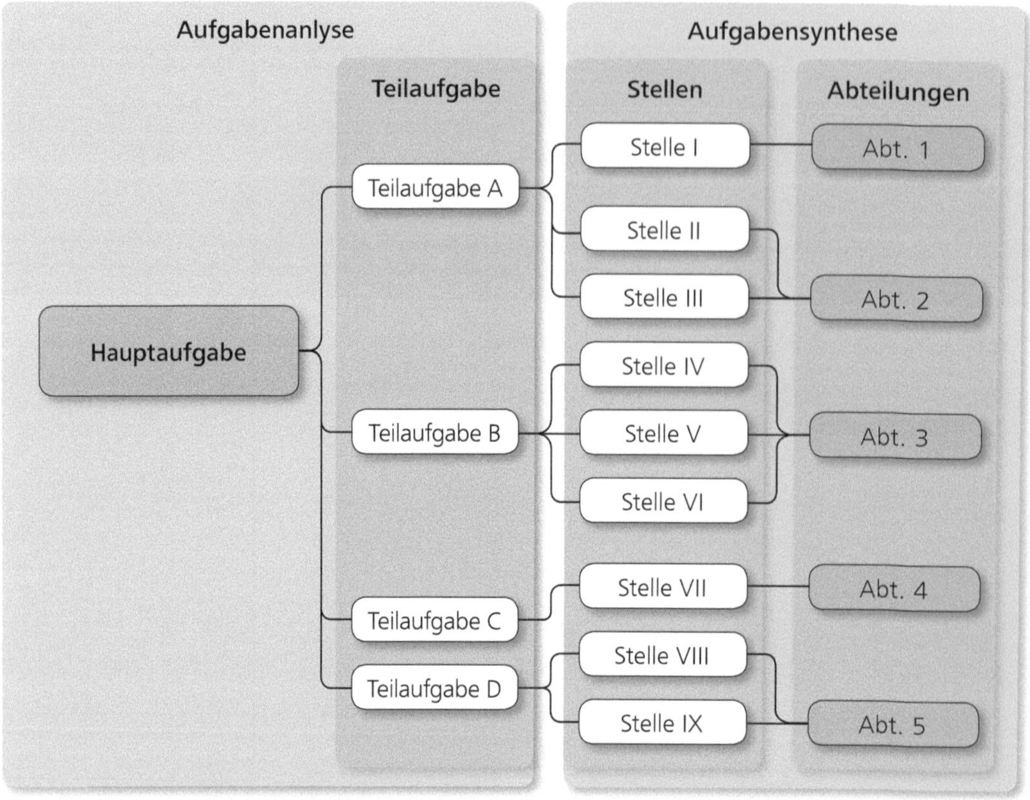

5.3 Stellenbeschreibung

Formaler Aufbau einer Stellenbeschreibung

01 Stellenbezeichnung

02 Rang des Stelleninhabers

03 Unterstellung

04 Überstellung

05 Stellvertretung

- **051** passive Stellvertretung
- **052** aktive Stellvertretung

06 Aufgabenbereich im Einzelnen

- **061** in Linienfunktion
- **062** in Stabsfunktion
- **063** in Dienstleistungsfunktion

07 sonstige Aufgaben

- **071** nach innen
- **072** nach außen

08 Befugnisse

09 Anforderungen an den Stelleninhaber

10 Einzelaufträge

11 schriftliche Informationsflüsse

- **111** eingehende
- **112** ausgehende

5.4 Organisationssysteme

⇨ sind Systeme von Regelungen in Organisationen (dargestellt in sog. Organigrammen),

⇨ bilden vertikal die Hierarchie und horizontal die unterschiedlichen Kompetenzen bzw. Zuständigkeiten ab,

⇨ regeln als genereller Handlungsrahmen die arbeitsteilige Erfüllung der permanenten und befristeten Aufgaben.

5.5 Ausgewählte Organisationssysteme

5.5.1 Grundstruktur eines Einliniensystems

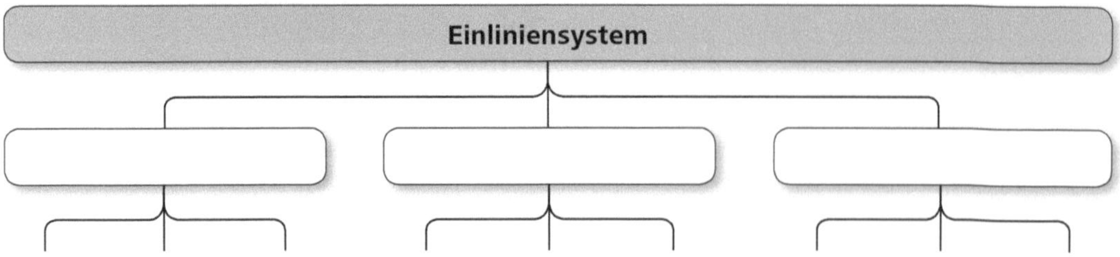

5.5.2 Grundstruktur eines Mehrliniensystems

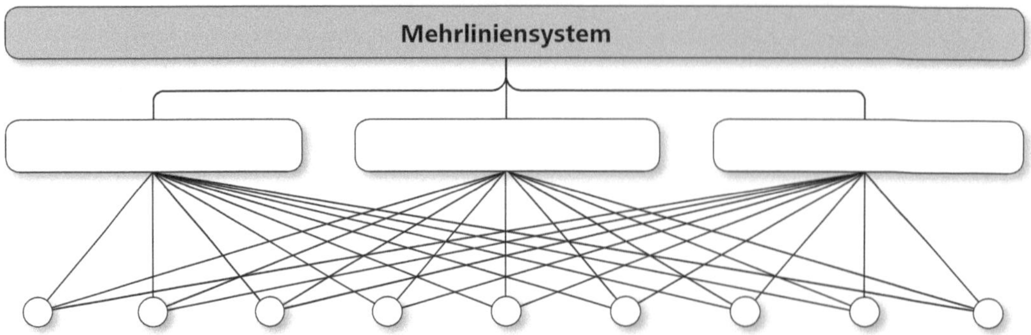

5.5.3 Funktionalorganisation (als Einliniensystem)

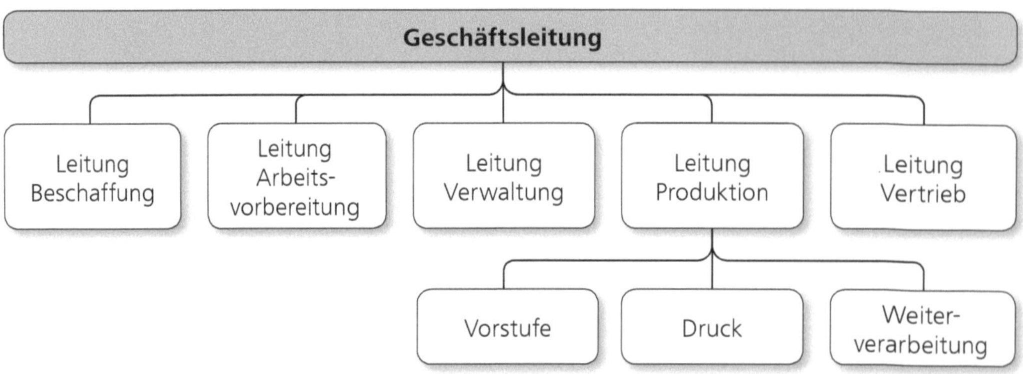

5.5.4 Stablinienorganisation (als Einliniensystem)

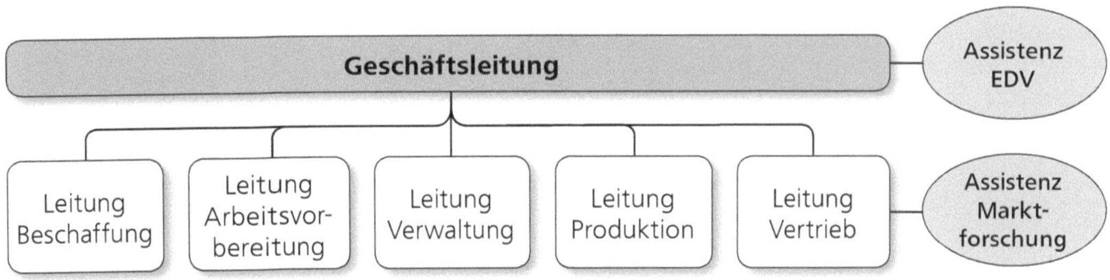

5.5.5 Matrixorganisation (Kombination Objekt- und Funktionssystem)

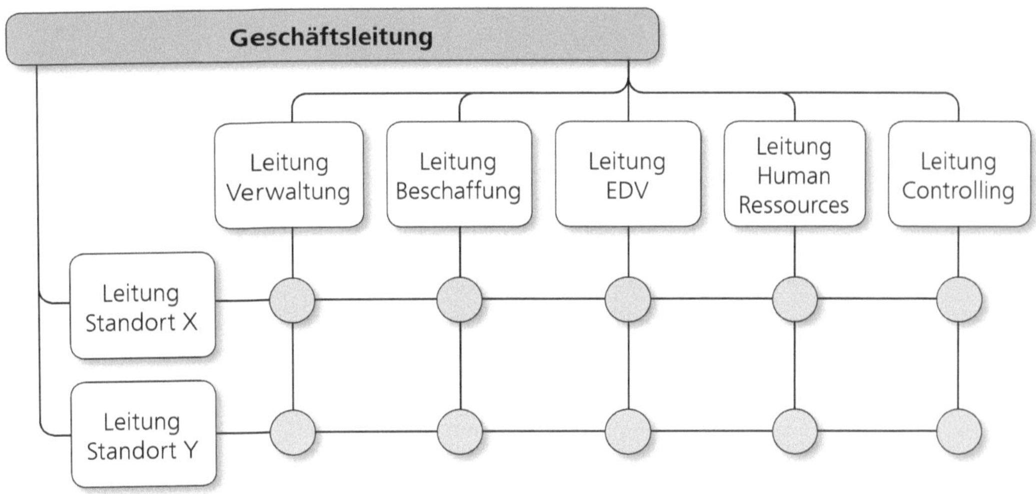

5.6 Aufgaben der Unternehmensplanung

Die Unternehmensplanung als eine der wichtigsten Managementaufgaben beschäftigt sich mit der gedanklichen Vorwegnahme und Gestaltung zukünftiger Strukturen, Prozesse und Ereignisse in einem Unternehmen.

Innerhalb der Unternehmensplanung wird eine Menge von Teilplänen erstellt, die zu einem sachlogischen Ganzen verdichtet werden.

Unternehmensplanungen setzen immer am relevanten Engpassfaktor an: In gesättigten und wettbewerbsintensiven Märkten ist das zumeist der Absatz. Somit bildet die Absatzplanung oftmals die Grundlage für weitere Teilpläne.

Beispiel

Wenn die Absatzmenge geplant ist, kann die Produktion geplant werden, daraus geht der Beschaffungsplan hervor etc.

Teilpläne innerhalb der Unternehmensplanung

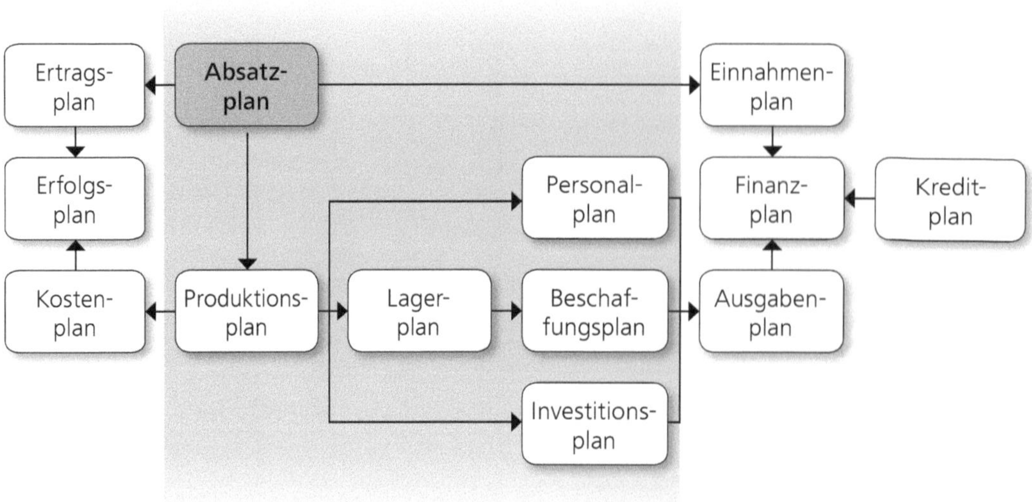

Die Unternehmensplanung bildet die Ausgangsbasis für den Management-Regelkreis.

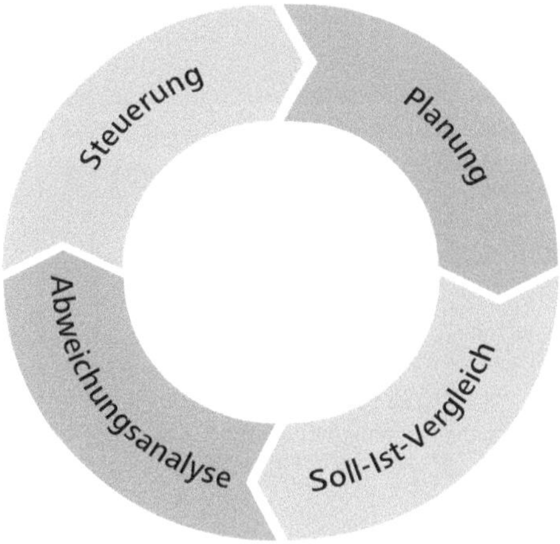

Ausgewählte **Aufgaben** innerhalb der Unternehmensplanung sind:

⇨ **Festlegung des Produktionsvolumens**
(Wie viele Produkte sollen in einem gegebenen Zeitraum produziert werden?)

⇨ **Festlegung des Produktionsprogramms**
(Welche Produkte und Dienstleistungen soll das Unternehmen auf seinen Absatzmärkten anbieten?)

⇨ **Festlegung des Produktionsablaufs**
(Wie laufen die einzelnen Arbeitsschritte bzw. Vorgänge innerhalb der Produktion ab?)

⇨ **Aufnahme neuer Produkte und/oder neuer Herstellungsverfahren**
(Wann müssen Innovationen entwickelt werden?)

5.7 Grundlagen der Ablaufplanung

5.7.1 Zeitgliederung für die Auftragszeit (Zeitarten für Produktionsfaktor Mensch)

Auftragszeit $T = t_r + t_a$

Rüstzeit $t_r = t_{rg} + t_{rv} + t_{rer}$

Rüstgrundzeit $t_{rg} = t_{hr} + t_{nr} + t_{ar}$

t_{hr} = Haupttätigkeitszeit Rüsten

t_{nr} = Nebentätigkeitszeit Rüsten

t_{ar} = ablaufbedingte Unterbrechungszeit Rüsten

Rüstverteilzeit $t_{rv} = \frac{z_{rv} * t_{rg}}{100}$

z_{rv} = Rüstverteilzeitzuschlag in %

$t_{rv} = t_{rvp} + t_{rvs}$

t_{rvp} = persönlich bedingte Rüstverteilzeit

t_{rvs} = sachlich bedingte Rüstverteilzeit

Rüsterholungszeit $t_{rer} = \frac{z_{rer} * t_{rg}}{100}$

z_{rer} = Rüsterholungszuschlag in %

Ausführungszeit $t_a = x * t_e$

Zeit je Einheit $t_e = t_g + t_v + t_{er}$

x = Auftragsmenge in Stück

Grundzeit $t_g = t_t + t_w$

t_w = Wartezeit

t_t = Tätigkeitszeit

$t_t = t_{tb} + t_{tu}$

t_{tb} = beeinflussbar

t_{tu} = unbeeinflussbar

Verteilzeit $t_v = \frac{z_v * t_g}{100}$

z_v = Verteilzeitzuschlag in %

$t_v = t_{vp} + t_{vs}$

t_{vp} = persönlich bedingte Verteilzeit

t_{vs} = sachlich bedingte Verteilzeit

Erholungszeit $t_{er} = \frac{z_{er} * t_g}{100}$

z_{er} = Erholungszuschlag in %

⇨ **Auftragszeit:**
Vorgabezeit zur Produktion einer Auftragsmenge in Stück.

⇨ **Rüstzeit:**
Vorbereitungszeit, die für die Erfüllung der Auftragsmenge notwendig ist.

_ Beispiel für Rüstgrundzeit: Betriebsmittel einstellen

_ Beispiel für Rüsterholungszeit: Erholungszeit wegen anstrengender Umrüstung

_ Beispiel für Rüstverteilzeit: Beseitigung einer kurzen Betriebsmittelstörung

⇨ **Ausführungszeit:**
Vorgabezeit, die für das Ausführen der Auftragsmenge notwendig ist (ohne Rüsten!).

_ Beispiel Erholungszeit: Erholung des Arbeitnehmers, um Ermüdung abzubauen

_ Beispiel sachliche Verteilzeit: unvorhergesehenes Schleifen eines Werkzeugs

_ Beispiel persönliche Verteilzeit: Gang zur Toilette

⇨ **Tätigkeitszeit:**
Zeit der eigentlichen Bearbeitung des Auftrags.

_ Beispiel beeinflussbare Tätigkeitszeit: Montieren

_ Beispiel unbeeinflussbare Tätigkeitszeit: Ablauf eines CNC-Programms

⇨ **Wartezeit:**
Warten auf das nächste Werkstück innerhalb der Auftragsmenge.

5.7.2 Zeitgliederung für die Belegungszeit (Zeitarten für Produktionsfaktor Betriebsmittel)

Belegungszeit Betriebsmittel $T_{bB} = t_{rB} + t_{aB}$

Betriebsmittel-Rüstzeit
$t_{rB} = t_{rgB} + t_{rvB}$

BM-Rüstgrundzeit $t_{rgB} = t_{hrB} + t_{nrB} + t_{arB}$

t_{hrB} = Haupttätigkeitszeit Rüsten
t_{nrB} = Nebentätigkeitszeit Rüsten
t_{arB} = ablaufbedingte Unterbrechungszeit Rüsten

BM-Rüstverteilzeit $t_{rvB} = \frac{z_{rvB} * t_{rgB}}{100}$

z_{rvB} = Rüstverteilzeitzuschlag in %

Betriebsmittel-Ausführungszeit
$t_a = x * t_{eB}$

Zeit je Einheit $t_{eB} = t_{gB} + t_{vB}$
x = Auftragsmenge in Stück

Betriebsmittel-Grundzeit
$t_{gB} = t_{hB} + t_{nB} + t_{aB}$

t_{hB} = Hauptnutzungszeit
t_{nB} = Nebennutzungszeit
$t_{hB} = t_{tb} + t_{tu}$
$t_{nB} = t_{tb} + t_{tu}$
t_{tb} = beeinflussbar
t_{tu} = unbeeinflussbar
t_{aB} = ablaufbed. Unterbrechungszeit

Betriebsmittel-Verteilzeit $t_{vB} = \frac{z_{vB} * t_{gB}}{100}$

z_{vB} = Verteilzeitzuschlag in %

⇨ **Belegungszeit:** Vorgabezeit für die Belegung eines Betriebsmittels zur Produktion einer Auftragsmenge in Stk.

⇨ **Betriebsmittel-Rüstzeit:** Vorbereitungszeit, die für die Erfüllung der Auftragsmenge notwendig ist.
- Beispiel für BM-Rüstgrundzeit: Betriebsmittel einstellen
- Beispiel für BM-Rüstverteilzeit: Optimierung eines CNC-Programms

⇨ **Betriebsmittel-Ausführungszeit:** Vorgabezeit, die für das Ausführen der Auftragsmenge notwendig ist (ohne Rüsten!).

⇨ **Betriebsmittel-Hauptnutzungszeit:** planmäßige Nutzung des Betriebsmittels.

⇨ **Betriebsmittel-Nebennutzungszeit:** Zeiten, in denen der eigentliche Auftrag nicht bearbeitet wird, wie z. B. Wechsel eines Werkstücks, das im Anschluss bearbeitet wird.

⇨ **Betriebsmittel-Verteilzeit:** Zeiten, in denen das Betriebsmittel nicht oder zusätzlich genutzt wird.

5.7.3 Durchlaufzeit

Durchlaufzeit: Zeitspanne zwischen Beginn und Auslieferung eines Auftrags.

Die Durchlaufzeit besteht aus den Teilkomponenten Belegungszeit und Übergangszeit.

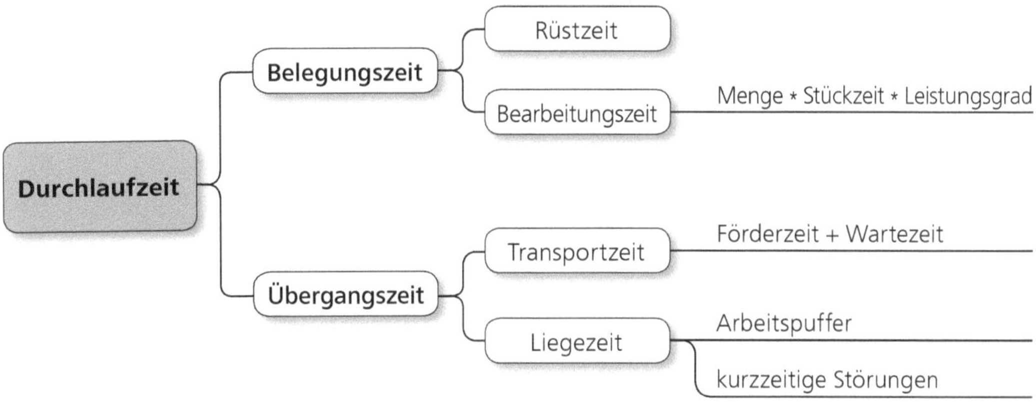

5.7.4 Fertigungsverfahren

Die Fertigungsverfahren lassen sich in **Produktionstypen** (Kriterium: Häufigkeit der Wiederholung des Fertigungsvorgangs) und **Organisationstypen** (Kriterium: organisatorische Gestaltung des Fertigungsvorgangs) einteilen.

Fertigungsverfahren

Produktionstypen

_ Einzelfertigung
_ Serienfertigung
_ Sortenfertigung
_ Partie- und Chargenfertigung
_ Massenfertigung
_ Kuppelproduktion

Kriterium: *Häufigkeit der Wiederholung des Fertigungsvorgangs*

Organisationstypen

_ Werkstattfertigung
_ Gruppenfertigung
_ Straßen- und Linienfertigung
_ Fließfertigung
_ Inselfertigung
_ flexible Fertigung

Kriterium: *organisatorische Gestaltung des Fertigungsvorgangs*

5.7.5 Optimale Losgröße

Ein Los (= geschlossener Posten oder Auftrag einer bestimmten Menge) durchläuft in der industriellen Fertigung in der Regel verschiedene Fertigungsstufen. Beim Auflegen eines Loses entstehen einmalige Rüstkosten, beim Lagern des gefertigten Loses entstehen Lagerkosten.

Je größer ein Los ist, umso höher sind die Lagerkosten. Die Rüstkosten hingegen sinken mit steigender Losgröße. Denn um dieselbe Menge zu fertigen, müssen weniger Lose aufgelegt und somit weniger Rüstvorgänge durchgeführt werden. Die optimale Losgröße ist die Losgröße, bei der die Summe der Rüst- und Lagerkosten am geringsten ist.

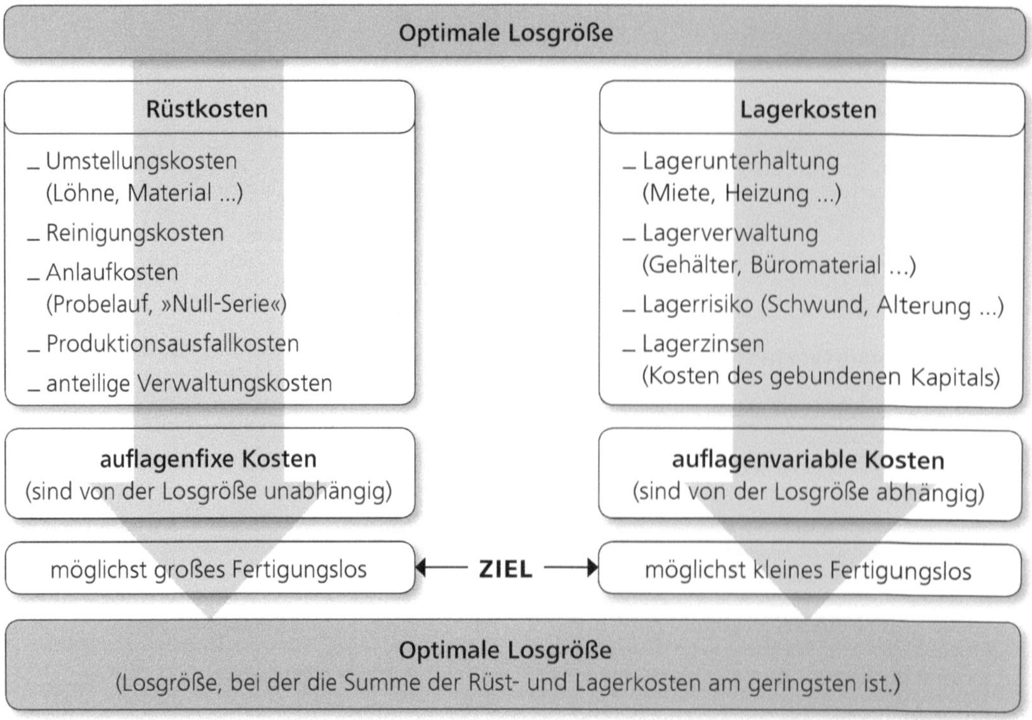

Gesamtkosten (K_{ges}) = Rüstkosten (K_{Rges}) + Lagerkosten (K_{Lges}) -> Minimum

Rüstkosten (K_{Rges}) = Rüstkosten pro Los (k_r) * Anzahl Lose in der Periode (n)

$$\text{Anzahl der Lose in der Periode (n)} = \frac{\text{Gesamtmenge pro Periode } (X_{ges})}{\text{Losgröße (X)}}$$

Lagerkosten (K_{Lges})

= durchschn. Lagermenge ($X/2$) * Herstellkosten pro Los (k_h) * Zinsfaktor für Lagerung (i_{Lf})

$$\text{Zinsfaktor für Lagerung } (i_{Lf}) = \frac{\text{Zinssatz für Lagerung } (i_L)}{100}$$

Zinssatz für Lagerung (i_L) = Zinssatz für Kapitalbindung (i_{L1}) + Zinssatz für Lagerhaltung (i_{L2})

$$\text{Optimale Losgröße } (x_{opt}) = \sqrt{\frac{200 * K_{Rges} * X_{ges}}{k_h * i_L}}$$

$$\text{Optimale Anzahl der Lose } (n_{opt}) = \frac{X_{ges}}{X_{opt}}$$

alternativ:

$$\text{Optimale Anzahl der Lose } (n_{opt}) = \sqrt{\frac{X_{ges} * K_h * i_L}{200 * K_{Rges}}}$$

5.8 Elemente des Arbeitsplans

5.8.1 Arbeitsplan

Der Arbeitsplan zeigt, was in welcher Reihenfolge und Vorgabezeit, wie, womit, wo und woraus gefertigt werden soll. Er ist somit die Basis für betriebliche Planungs-, Steuerungs- und Dispositionsaufgaben.

Ein Arbeitsplan ist mit einer »Checkliste« oder einem »Fahrplan« für ein bestimmtes Vorgehen vergleichbar, mit dem Zweck, das Fertigungsziel zu erreichen.

Nach Erstellung des Arbeitsplans ist dieser auftragsneutral und somit eine Planungsunterlage für alle folgenden Aufträge. Erhält der Arbeitsplan hingegen auftragsbezogene Daten wie Menge, Termin und kundenspezifische Angaben, wird der Arbeitsplan zur Steuerungsgrundlage.

Ein Arbeitsplan besteht im Wesentlichen aus

- ⇨ **Kopfdaten** (Sachnummer, Bezeichnung des Erzeugnisses, Angabe zur Losgröße etc.)
- ⇨ **Materialdaten** (Sachnummer, Bezeichnung des Materials, Mengen etc.)
- ⇨ **Fertigungsdaten** (Abteilung, Arbeitsfolge, Betriebsmittel, Rüst- und Ausführungszeiten etc.)

<table>
<tr><th colspan="9">Arbeitsplan</th></tr>
<tr><td colspan="3">Sach-Nr.</td><td>Gegenstand</td><td colspan="2">Auftrags-Nr./Kommissions-Nr.</td><td colspan="3">Arbeitsplan-Nr.</td></tr>
<tr><td colspan="3">Zeichnungs-Nr.</td><td>Baumuster-Type</td><td>Teil-Nr.</td><td>Menge</td><td>Los-Nr.</td><td colspan="2">Losgröße</td></tr>
<tr><td colspan="2">Werkstoffmenge</td><td>Einh.</td><td>Werkstoff</td><td colspan="5">Abmessung oder Modell-Nr.</td></tr>
<tr><td rowspan="2">Abteilung Kostenst.</td><td rowspan="2">Arbeits-folge</td><td colspan="2" rowspan="2">Arbeitsgang</td><td rowspan="2">Unter-weisungs-karten-Nr.</td><td rowspan="2">Betriebsmittel Werkzeug-vorrichtung</td><td rowspan="2">Lohn-gruppen-faktor</td><td colspan="2">Zeitvorgaben</td></tr>
<tr><td>t_r</td><td>t_e</td></tr>
<tr><td></td><td></td><td colspan="2"></td><td></td><td></td><td></td><td></td><td></td></tr>
<tr><td></td><td></td><td colspan="2"></td><td></td><td></td><td></td><td></td><td></td></tr>
<tr><td></td><td></td><td colspan="2"></td><td></td><td></td><td></td><td></td><td></td></tr>
<tr><td></td><td></td><td colspan="2"></td><td></td><td></td><td></td><td></td><td></td></tr>
<tr><td></td><td></td><td colspan="2"></td><td></td><td></td><td></td><td></td><td></td></tr>
<tr><td></td><td></td><td colspan="2"></td><td></td><td></td><td></td><td></td><td></td></tr>
</table>

5.8.2 Inhalte des Arbeitsplans

5.8.3 Stücklisten

Stückliste: Aufstellung benötigter Rohstoffe (R), Baugruppen (G) und Teile (T), die zur Fertigung eines Erzeugnisses benötigt werden (auf Basis von technischen Zeichnungen).

Ausgangsbasis Erzeugnisstruktur

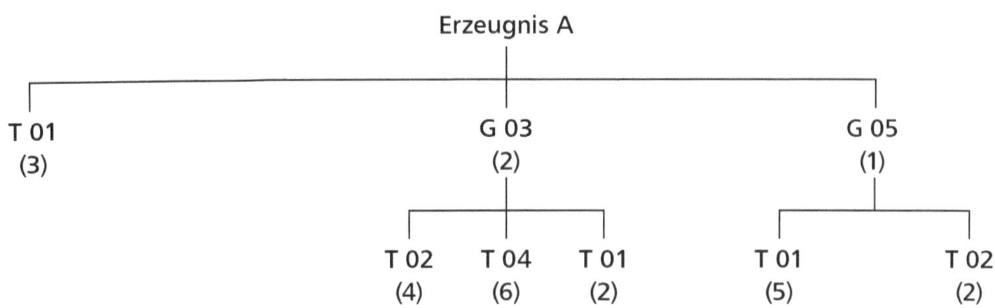

Anmerkung:
Die Mengenangaben (Zahlen in Klammern) beziehen sich immer auf eine übergeordnete Einheit. In diesem Beispiel finden sich nur Baugruppen (G) und Teile (T).

Im Allgemeinen unterscheidet man

- ⇨ Strukturstücklisten,
- ⇨ Baukastenstücklisten,
- ⇨ Mengenstücklisten und
- ⇨ Variantenstücklisten.

5.8.3.1 Strukturstückliste

Eine Strukturstückliste zeigt, auf welcher Fertigungsebene welche Rohstoffe und Teile wie oft benötigt werden. Die Abarbeitung erfolgt dabei von links oben nach rechts unten.

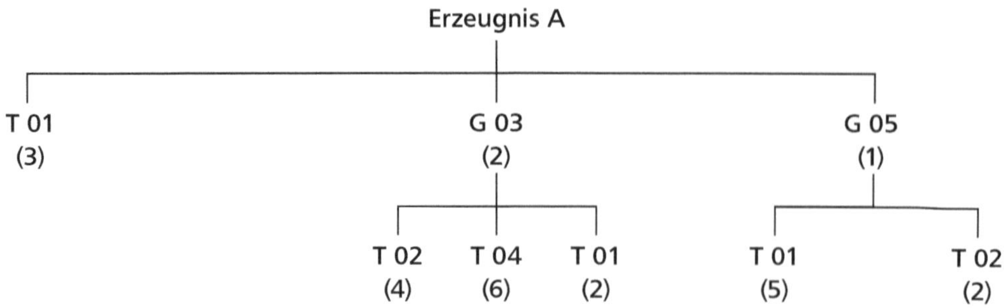

Strukturstückliste Erzeugnis A		
Ebene	**Bezeichnung**	**Menge**
1	T 01	3
1	G 03	2
2	T 02	4
2	T 04	6
2	T 01	2
1	G 05	1
2	T 01	5
2	T 02	2

5.8.3.2 Baukastenstückliste

Eine Baukastenstückliste erfasst (Zwischen-)Erzeugnisse bzw. Baugruppen einer Stufe. Die Teile werden nicht aufaddiert und es werden auch keine Rohstoffe berücksichtigt. Im Beispiel setzt sich die Baukastenstückliste insgesamt aus drei »Baukästen« zusammen.

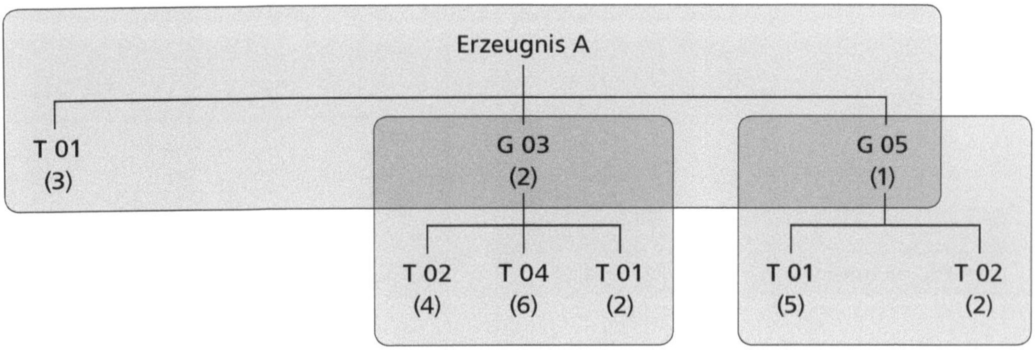

Baukastenstückliste Erzeugnis A	
Bezeichnung	**Menge**
T 01	3
G 03	2
G 05	1
Baukastenstückliste Erzeugnis G 03	
Bezeichnung	**Menge**
T 02	4
T 04	6
T 01	2
Baukastenstückliste Erzeugnis G 05	
Bezeichnung	**Menge**
T 01	5
T 02	2

5.8.3.3 Mengenstückliste

Mengenstücklisten geben einen Überblick über die Menge an Teilen (T) oder Rohstoffen (R) an, die für Baugruppen (G) oder Erzeugnisse insgesamt benötigt werden.

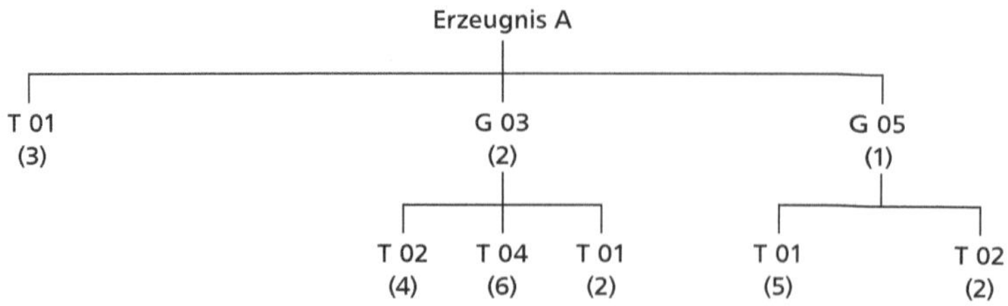

Mengenstückliste Erzeugnis A	
Bezeichnung	**Menge**
T 01	12
T 02	10
T 04	12

Erläuterung:

Menge T 01:

Auf der ersten Ebene gehen 3 Mengeneinheiten von T 01 direkt in das Erzeugnis A ein. Auf der zweiten Ebene gehen 2 Mengeneinheiten von T 01 zuerst in G 03 ein. Von G 03 gehen wiederum 2 Mengeneinheiten in das Erzeugnis A ein. Ferner gehen auf der zweiten Ebene weitere 5 Mengeneinheiten von T 01 zuerst in G 05 ein. Von G 05 gehen wiederum 1 Mengeneinheit in das Erzeugnis A ein.

Gesamtmenge T 01: $3 + (2 * 2) + (5 * 1) = 12$ Mengeneinheiten

Menge T 02:

Auf der zweiten Ebene gehen 4 Mengeneinheiten von T 02 zuerst in G 03 ein. Von G 03 gehen wiederum 2 Mengeneinheiten in das Erzeugnis A ein. Ferner gehen auf der zweiten Ebene weitere 2 Mengeneinheiten von T 02 zuerst in G 05 ein. Von G 05 gehen wiederum 1 Mengeneinheit in das Erzeugnis A ein.

Gesamtmenge T 02: $(4 * 2) + (2 * 1) = 10$ Mengeneinheiten

Menge T 04:

Auf der zweiten Ebene gehen 6 Mengeneinheiten von T 04 zuerst in G 03 ein. Von G 03 gehen wiederum 2 Mengeneinheiten in das Erzeugnis A ein.

Gesamtmenge T 04: $6 * 2 = 12$ Mengeneinheiten

5.8.3.4 Berechnung des Sekundärbedarfs aus der Mengenstückliste

Auf Basis von Mengenstücklisten lassen sich durch Multiplikation der Anzahl der fertigen Erzeugnisse mit den einzelnen Teilen oder Rohstoffen die Sekundärbedarfe (= Rohstoffe und Teile, die zur Fertigung der Erzeugnisse benötigt werden) errechnen.

Beispiel

Von dem Erzeugnis A können insgesamt 20 Stück verkauft werden (= Primärbedarf).
Der Sekündärbedarf an T 01, T 02 und T 04 beträgt somit:

Bezeichnung	Menge	Primärbedarf Erzeugnis A	Sekundärbedarf
T 01	12	20	240
T 02	10	20	200
T 04	12	20	240

5.9 Aspekte zur Gestaltung des Arbeitsvorgangs

5.9.1 Definition eines Arbeitsvorgangs

⇨ auf die Erfüllung einer bestimmten Arbeitsaufgabe ausgerichteter Arbeitsablauf innerhalb eines Arbeitsplatzs

⇨ Teilabschnitt eines Gesamtprozesses, der zeitlich und organisatorisch voneinander abgrenzbar ist und sichtbaren Bezug zur Belastungs- und Beanspruchungssituation aufweist

5.9.2 Gestaltungsaspekte von Arbeitsvorgängen

Gestaltungsaspekte von Arbeitsvorgängen

Qualitätsangaben
- Gewichtstoleranzen
- Oberflächengüten (wie z. B. gestrichene oder ungestrichene Papiere)
- Hinweise zu QM-Vorschriften und Prüfplänen

Arbeitsbedingungen
- Umgebungseinflüsse
- Entlohnungsart
- Arbeitsschutz
- Arbeitssicherheit

Arbeitsverfahren
- angewandte Technologie
- Beispiele: Fräsen, Drehen, Bohren etc.

Arbeitsmethoden
- Mit welchen Betriebsmitteln, Werkzeugen und Hilfsmitteln soll ein Arbeitsvorgang ausgeführt werden?
- entspricht dem Sollablauf

Arbeitsplatztypen
- Einzelarbeit
- Gruppenarbeit
- Einstellenarbeit
- Mehrstellenarbeit
- ortsgebundene Arbeitsplätze
- ortsveränderliche Arbeitsplätze

Arbeitsweisen
- individuelle Arbeitsausführung des Menschen, die gemäß der Arbeitsmethode erfolgt
- entspricht dem Istablauf

5.10 Aufgaben der Bedarfsplanung

5.10.1 Personalplanung

Personalplanung: systematische und vorausschauende Berücksichtigung von erforderlichen Maßnahmen, damit dem Unternehmen zur Erreichung seiner Ziele die erforderlichen Mitarbeiter zur Verfügung stehen.

Zielsetzung: Personal zur Verfügung stellen

⇨ in der erforderlichen Anzahl (Quantität)

⇨ mit den erforderlichen Qualifikationen (Qualität)

⇨ zum richtigen Zeitpunkt

⇨ am richtigen Ort

5.10.2 Aufgaben der Personalplanung

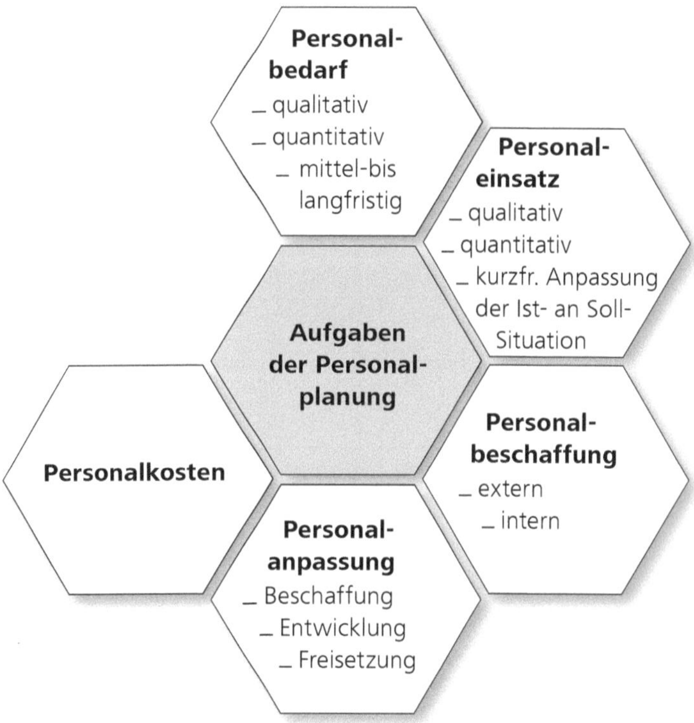

5.10.3 Personalbedarfsrechnung

Beispiele

Schema Personalbedarfsrechnung

	Stellenbestand	52
+	Stellenzugänge geplant	2
-	Stellenabgänge geplant	8
=	**Bruttopersonalbedarf**	**46**
	Personalbestand	50
+	Personalzugänge sicher	3
-	Personalabgänge sicher	6
-	Personalabgänge geschätzt	4
=	**Fortgeschriebener Personalbestand**	**43**
	Bruttopersonalbedarf	46
-	fortgeschriebener Personalbestand	43
=	**Nettopersonalbedarf**	**3**

Bruttopersonalbedarf - fortgeschr. Personalbestand > 0 : Personal beschaffen!

Bruttopersonalbedarf - fortgeschr. Personalbestand < 0 : Personal abbauen!

5.10.4 Formen der Arbeitsstrukturierung

Formen der Arbeitsstrukturierung

Selbststeuerung
- individuelle Selbstregulation
- teilautonome Arbeitsgruppen

Job Rotation
- Mitarbeiter wechseln zu qualitativ gleichwertigen Arbeitsplätzen bzw. Aufgabenbereichen
- Arbeitsplatzwechsel mit unterschiedlichen Tätigkeiten

Job Enrichment
- qualitative Aufwertung des Aufgabenbereichs durch Übertragung von Verantwortung, Mitspracherechten und Kontrollbefugnissen
- qualitative Aufgabenbereicherung

Job Enlargement
- Vergrößerung des Arbeitsumfangs gleichwertiger Arbeitsaufgaben
- quantitative Aufgabenerweiterung

5.10.5 Produktionsmittelplanung

⇨ Produktionsmittel sind alle Betriebsmittel, wie z. B. Fertigungsmittel, Fördermittel, Mess- und Prüfmittel, Gebäude, Nutz- und Verkehrsflächen sowie Materialien.

⇨ Langfristig ist die Beschaffung und kurzfristig der optimale Einsatz zu überdenken.

⇨ Der Bedarf resultiert aus dem Produktionsprogramm und den Arbeitsplänen.

5.10.6 Produktionsmittelbeschaffung

Produktionsmittelbeschaffung		
	Vorteile	**Nachteile**
intern	_ keine zusätzliche Kapitalbindung _ bessere Nutzung vorhandener Betriebsmittel _ kein zusätzlicher Platzbedarf	_ organisatorische Mehrarbeit _ Mehrkosten z. B. durch Überstundenzuschläge _ Zusatzkosten z. B. durch mehr Instandhaltung _ Aufwand für Personalbeschaffung
extern (Kauf)	_ Erhöhung des Kapazitätsbestands _ aktuelle Technologie _ Abschreibungsmöglichkeiten	_ Beschaffungsplanung und -durchführung _ Finanzierungsvorbereitungen _ zusätzlicher Platzbedarf _ langfristige Kapitalbindung _ Anlaufkosten
extern (Leasing)	_ keine langfristige Kapitalbindung _ Liquidität des Betriebes bleibt hoch _ aktuelle Technologie _ kein Eigenkapital erforderlich	_ Veränderungen am Leasingobjekt nur mit Genehmigung des Leasinggebers _ Finanzierungsvorbereitungen _ zusätzlicher Platzbedarf _ Anlaufkosten

Beispiele

für interne Produktionsmittelbeschaffung:

⇨ Überstunden

⇨ Sonder- und Mehrschichten

⇨ Umplanen auf andere Produktionsmittel

⇨ Inanspruchnahme anderer Betriebsbereiche

⇨ Nutzung von Stillstandzeiten

5.10.7 Materialplanung

Materialplanung: Planung von Mengen, Qualitäten und aller Materialarten, die im Produktionsprozess eingesetzt werden.

⇨ Planung des auftragsunabhängigen Materialbedarfs je Erzeugniseinheit

⇨ Planung des Materialbedarfs je Periode

⇨ Planung des erforderlichen Materialbestands

⇨ Planung der Materialbeschaffung

⇨ Planung der Materialbereitstellung

⇨ Planung der Materialentsorgung

5.11 Produktionsplanung, Auftragsdisposition und deren Instrumente

5.11.1 Produktionsplanung

⇨ Produktionsplanung ist die Planung und Gestaltung der betrieblichen Produktion (Produktionsprogramm, Produktionsablauf/Produktionsprozesse).

⇨ Planungsgrundlage sind vorgegebene Ziele des Unternehmens.

⇨ Planwerte sind Sollwerte, die nach Durchführung im Rahmen des Controllings mit den erfassten Istwerten verglichen werden.

⇨ Nach einer Abweichungsanalyse erfolgt die Steuerung (Eingreifen durch Einleitung von Korrekturmaßnahmen).

5.11.2 Terminplanung

Arten der Terminermittlung

Vorwärtsterminierung
- progressiv, d. h. analog zum Fertigungsablauf
- Ausgangspunkt: frühester Anfangstermin
- Ergebnis: frühester Endtermin

Rückwärtsterminierung
- retrograd, d. h. rückwärts
- Ausgangspunkt: bekannter Endtermin
- Ergebnis: spätester Anfangstermin

kombinierte Terminierung
- Ausgangspunkt: spätester Endtermin
- stufenweise Berechnung der Anfangs- und Endtermine durch abwechselndes Rückwärts- und Vorwärtsrechnen unter Berücksichtigung der betrieblichen Kapazitäten

5.11.2.1 Durchlaufzeit

Durchlaufzeit = Vorgabezeit + Zwischenzeit + Zusatzzeit

Durchlaufzeit

Zusatzzeit
- Sicherheitszuschlag

Zwischenzeit
- Wartezeit
- Liegezeit
- Transportzeit

Vorgabezeit
- Durchführungszeit

5.11.2.2 Grafische Ermittlung der Durchlaufzeit (Balkenplan/Gantt-Diagramm)

Vorgang	Zeitbedarf (Tage)	Vorgänger
1	3	–
2	2	1
3	4	1
4	3	1
5	1	1
6	6	2
7	4	2
8	3	4/5
9	1	3/7
10	5	8
11	5	6/9
12	1	10
13	3	11/12

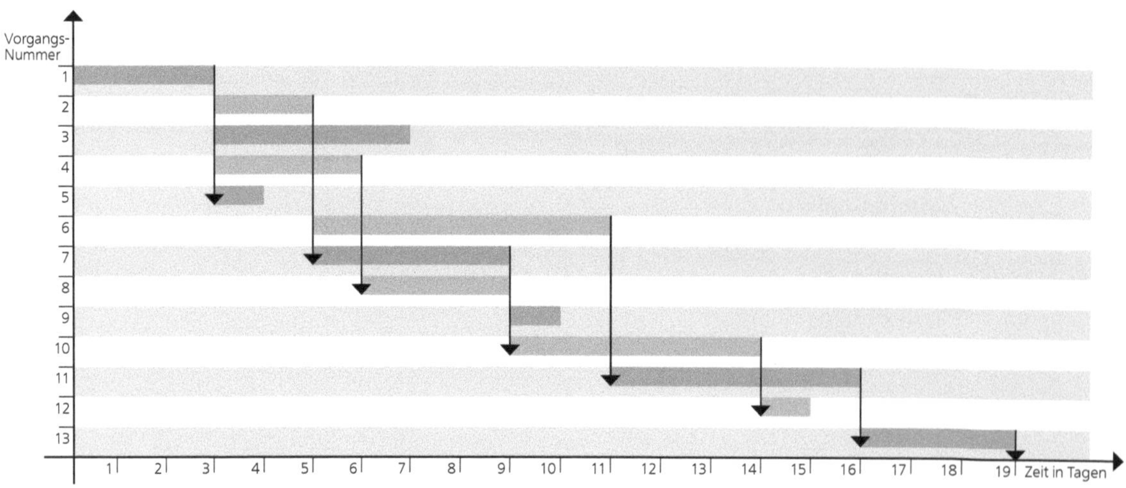

5.11.2.3 Vorgangsknoten-Netzplan

Vorgangs-Nr.		
FAZ	D	FEZ
SAZ	GP	SEZ

FAZ = frühester Anfangszeitpunkt
D = Dauer
FEZ = frühester Endzeitpunkt
SAZ = spätester Anfangszeitpunkt
SEZ = spätester Endzeitpunkt
GP = Gesamtpufferzeit

Vorwärtsrechnung

FAZ + D = FEZ

FAZ (Nachfolger) = FEZ (Vorgänger)

Bei mehreren Pfeileingängen in den Nachfolgerknoten gilt: Höchste FAZ eintragen!

Rückwärtsrechnung

SEZ - D = SAZ

SEZ (Vorgänger) = SAZ (Nachfolger)

Bei mehreren Pfeilausgängen aus dem Vorgängerknoten gilt: Niedrigste SEZ eintragen!

Start- und Zielvorgangsknoten

Im Startvorgangsknoten gilt: FAZ = SAZ = 0

Im Zielvorgangsknoten gilt: FEZ = SEZ

Berechnung der Gesamtpufferzeit (GP)

GP = SAZ – FAZ oder SEZ – FEZ

Kritischer Weg
Der kritische Weg ist der Weg über die einzelnen Vorgänge, der eine Gesamtpufferzeit (GP) von Null hat, d. h. der zeitlich längste Weg!

Schritt 1: Tabelle in Netzplan mit Knoten und Verbindungen »übersetzen«

Vorgang	Zeitbedarf (Tage)	Vorgänger
1	3	-
2	2	1
3	4	1
4	3	1
5	1	1
6	6	2
7	4	2
8	3	4/5
9	1	3/7
10	5	8
11	5	6/9
12	1	10
13	3	11/12

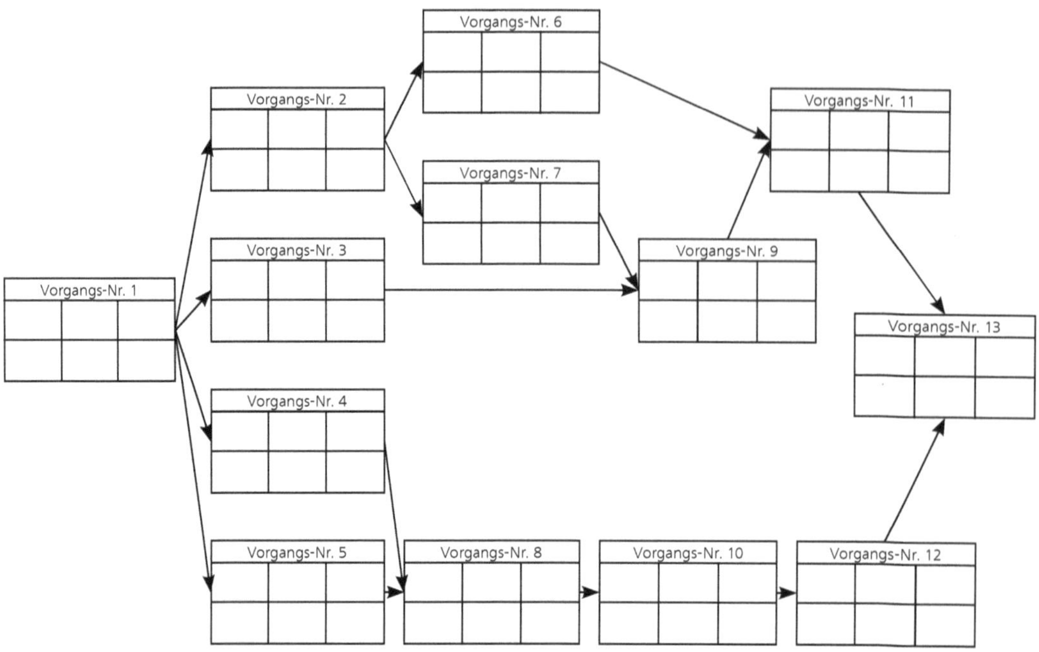

Schritt 2: Vorwärtsrechnung (Ermittlung der frühesten Zeitpunkte)

Im Startvorgangsknoten gilt:

FAZ = 0

FAZ + D = FEZ

FAZ (Nachfolger) = FEZ (Vorgänger)

Bei mehreren Pfeileingängen in den Nachfolgerknoten gilt:
Höchste FAZ eintragen!
(hier: Vorgang 8, Vorgang 9, Vorgang 11, Vorgang 13)

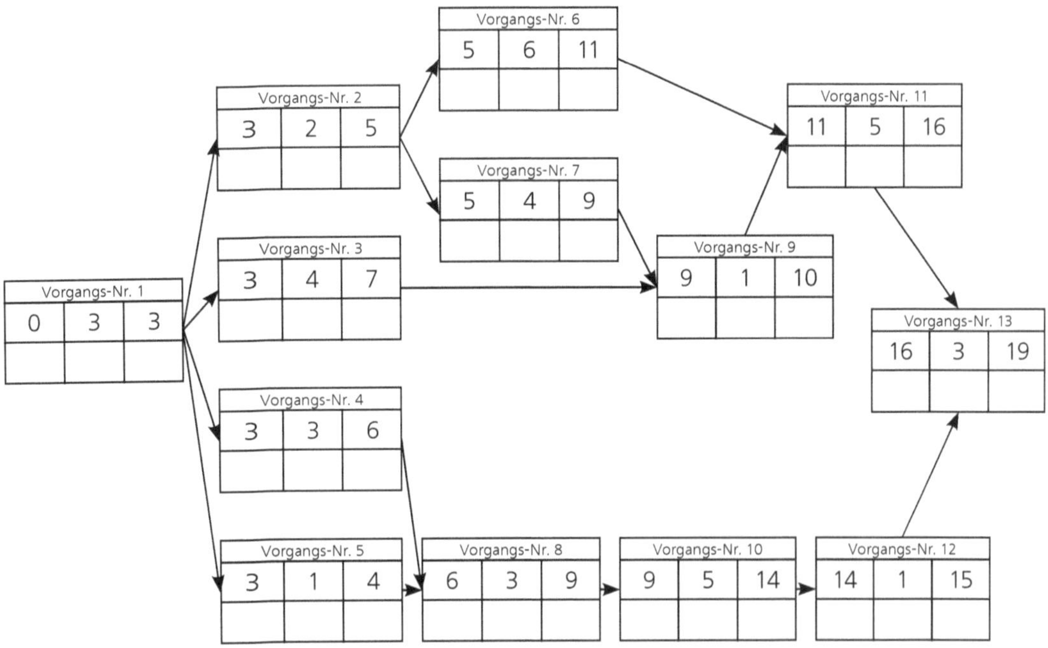

Schritt 3: Rückwärtsrechnung (Ermittlung der spätesten Zeitpunkte)

Im Zielvorgangsknoten gilt:

FEZ = SEZ

SEZ - D = SAZ

SEZ (Vorgänger) = SAZ (Nachfolger)

Bei mehreren Pfeilausgängen aus dem Vorgängerknoten gilt: Niedrigste SEZ eintragen! (hier: Vorgang 2, Vorgang 1)

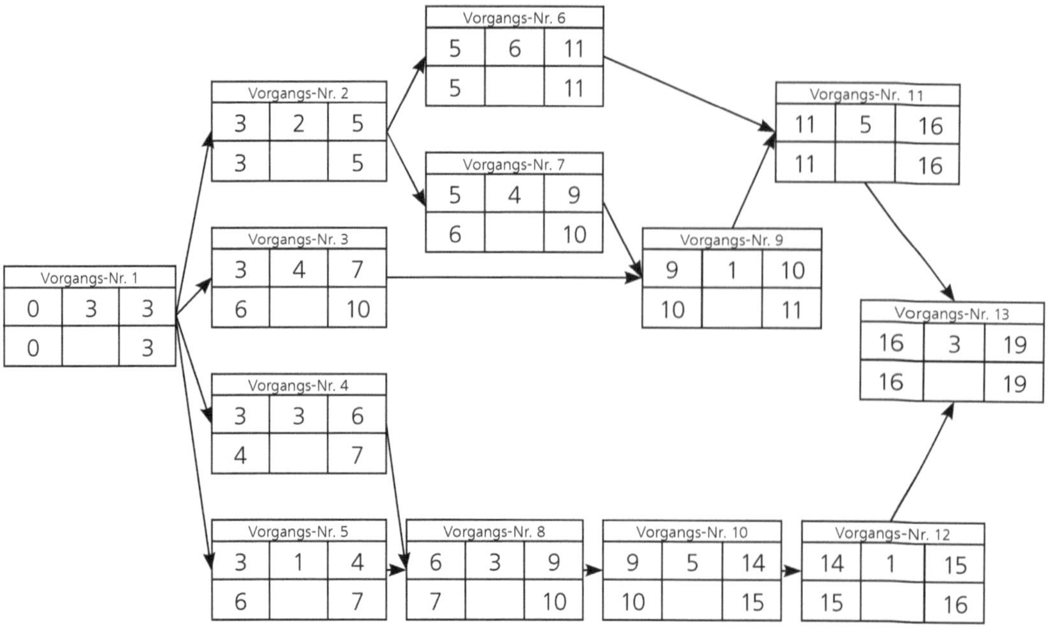

Schritt 4: Berechnung der Gesamtpufferzeit (GP)

GP = SAZ - FAZ oder SEZ - FEZ

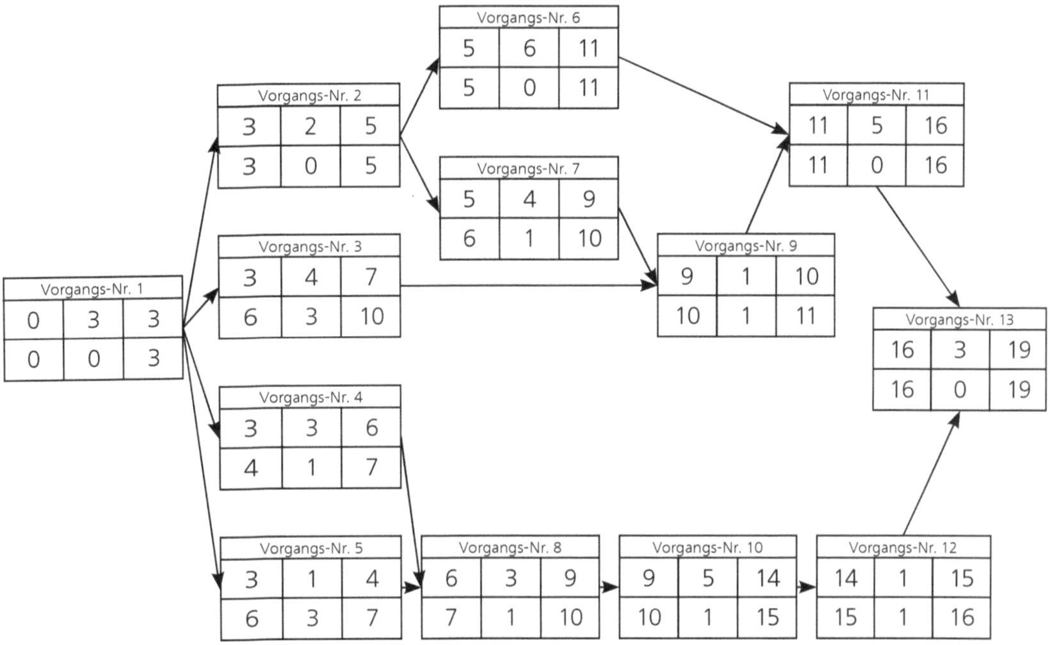

Schritt 5: Kennzeichnung des kritischen Weges

Der kritische Weg ist der Weg über die einzelnen Vorgänge, der eine Gesamtpufferzeit (GP) von Null hat, d. h. der zeitlich längste Weg. (Anmerkung: siehe gestrichelte Pfeile)

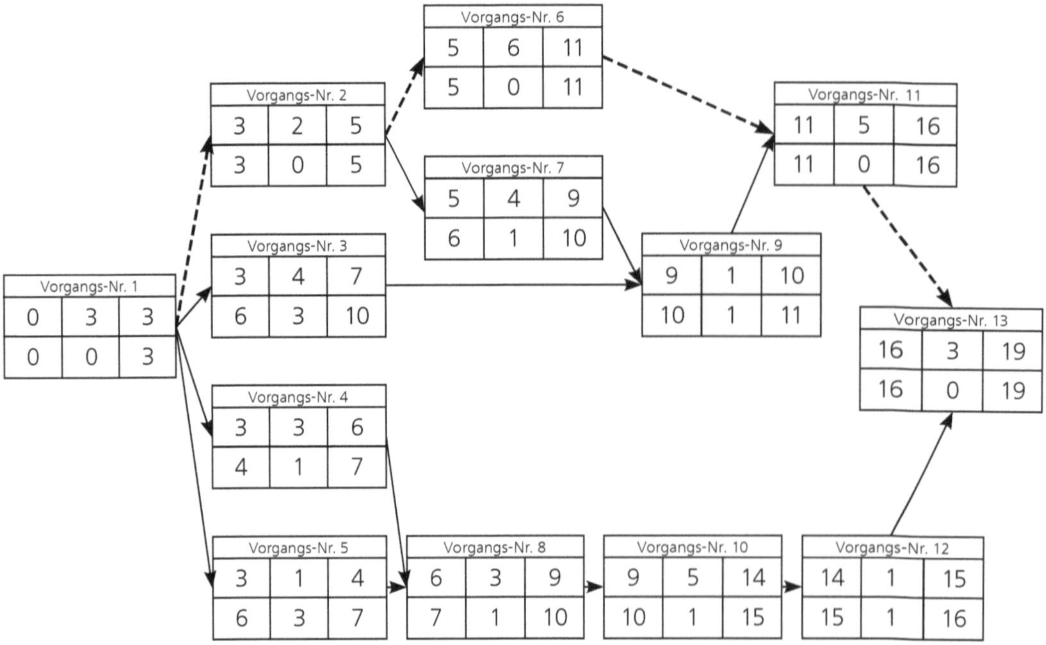

Der kritische Weg besteht aus jenen Vorgängen, die keinen Aufschub dulden, ohne dass die Fertigstellung des Gesamtvorhabens sich verzögert.

Im Beispiel verläuft der kritische Weg entlang des Pfades:

⇨ Vorgang 1

⇨ Vorgang 2

⇨ Vorgang 6

⇨ Vorgang 11

⇨ Vorgang 13

5.11.3 Materialdisposition und Bedarfsbestimmung

Materialdisposition ist die Gesamtheit von (kurzfristigen) Planungsaktivitäten, um eine möglichst kostengünstige und fristgerechte Materialbereitstellung zu gewährleisten (Tätigkeiten der Materialmengen- und Materialterminfestlegung).

Materialbedarf ist die Art und Menge des Materials, das zur Fertigung von Erzeugnissen bzw. zur Versorgung des Absatzmarkts in einer bestimmten Periode benötigt wird.

5.11.3.1 Materialbedarfsarten

Material-bedarfsarten

Bruttobedarf
- periodenbezogener Gesamtbedarf
  - Sekundärbedarf
  - Zusatzbedarf

Primärbedarf
- Marktbedarf
- entspricht der Nachfrage

Sekundärbedarf
- Bedarf an Material, um Primärbedarf zu decken
  - Rohstoffe
  - Teile
  - Baugruppen
- Menge wird Stücklisten und Fertigungsplänen entnommen

Nettobedarf
- korrigierter Bruttobedarf
  - abzgl. Lagerbestand
  - abzgl. Bestellbestand
  - zzgl. Reservierung
  - zzgl. Sicherheitsbestand

Zusatzbedarf
- Berücksichtigung von Ausschuss oder Schwund
  - absolut
  - prozentual

Tertiärbedarf
- Bedarf an Betriebs- und Hilfsstoffen, um Primärbedarf zu decken

5.11.3.2 Nettobedarfsrechnung

	Sekundärbedarf
+	Zusatzbedarf
=	**Bruttobedarf**
-	Lagerbestand
-	Bestellbestand
+	Reservierung
+	Sicherheitsbestand
=	**Nettobedarf**

Beispiel

Ermittlung des Nettobedarfs für die Herstellung von 200 ME des Erzeugnisses A (Primärbedarf) unter Berücksichtigung folgender Nebenbedingungen:

⇨ Zusatzbedarf (Ausschuss) = 5 %

⇨ Lager- und Sicherheitsbestände (siehe Tabelle)

	Lagerbestand (ME)	Sicherheitsbestand (ME)
Erzeugnis A	30	10
T 01	223	100
T 02	62	50
T 04	120	90

Berechnung Nettobedarf Erzeugnis A

Primärbedarf Erzeugnis A:		200 ME
-	Lagerbestand:	30 ME
+	Sicherheitsbestand:	10 ME
=	**Nettobedarf Erzeugnis A:**	**180 ME**

Erzeugnisgliederung

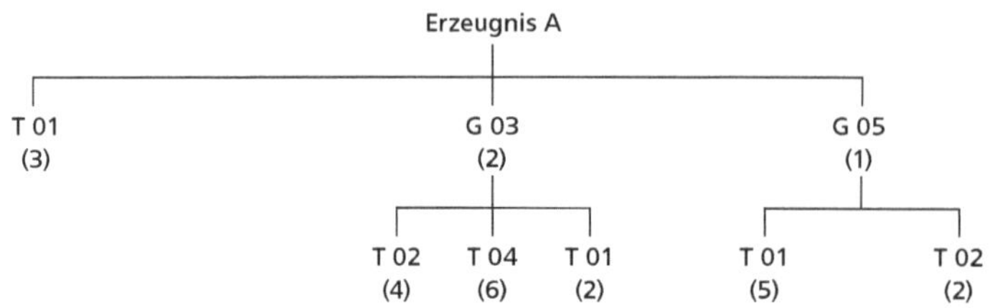

Vorgehensweise zur Berechnung der Nettobedarfsmenge

1. Ableitung Mengenstückliste aus Erzeugnisgliederung

Mengenstückliste	
Bezeichnung	**Menge**
T 01	12
T 02	10
T 04	12

Menge T 01:

Auf der ersten Ebene gehen 3 Mengeneinheiten von T 01 direkt in das Erzeugnis A ein. Auf der zweiten Ebene gehen 2 Mengeneinheiten von T 01 zuerst in G 03 ein. Von G 03 gehen wiederum 2 Mengeneinheiten in das Erzeugnis A ein. Ferner gehen auf der zweiten Ebene weitere 5 Mengeneinheiten von T 01 zuerst in G 05 ein. Von G 05 gehen wiederum 1 Mengeneinheit in das Erzeugnis A ein.

Gesamtmenge T 01: $3 + (2 * 2) + (5 * 1) = 12$ Mengeneinheiten

Menge T 02:

Auf der zweiten Ebene gehen 4 Mengeneinheiten von T 02 zuerst in G 03 ein. Von G 03 gehen wiederum 2 Mengeneinheiten in das Erzeugnis A ein. Ferner gehen auf der zweiten Ebene weitere 2 Mengeneinheiten von T 02 zuerst in G 05 ein. Von G 05 gehen wiederum 1 Mengeneinheit in das Erzeugnis A ein.

Gesamtmenge T 02: $(4 * 2) + (2 * 1) = 10$ Mengeneinheiten

Menge T 04:

Auf der zweiten Ebene gehen 6 Mengeneinheiten von T 04 zuerst in G 03 ein. Von G 03 gehen wiederum 2 Mengeneinheiten in das Erzeugnis A ein.

Gesamtmenge T 04: $6 * 2 = 12$ Mengeneinheiten

2. Berechnung des Sekundärbedarfs an T 01, T 02 und T 04 aus der Mengenstückliste

Auf Basis von Mengenstücklisten lassen sich durch Multiplikation der Anzahl der fertigen Erzeugnisse mit den einzelnen Teilen die Sekundärbedarfe errechnen.

	Produktionsmenge Erzeugnis A: 180 ME	*T 01*	*T 02*	*T 04*
	Sekundärbedarf	2.160	1.800	2.160
+	Zusatzbedarf (5 % im Hundert)	114	95	114
=	**Bruttobedarf**	**2.274**	**1.895**	**2.274**
-	Lagerbestand	223	62	120
-	Bestellbestand	–	–	–
+	Reservierung	–	–	–
+	Sicherheitsbestand	100	50	90
=	**Nettobedarf**	**2.151**	**1.883**	**2.244**

Erläuterung zur Berechnung der Sekundärbedarfe:

Mengenstückliste	
Bezeichnung	**Menge**
T 01	12
T 02	10
T 04	12

*T 01: 12 Einheiten pro Erzeugnis A * 180 ME. A = 2.160 ME*

*T 02: 10 Einheiten pro Erzeugnis A * 180 ME. A = 1.800 ME*

*T 04: 12 Einheiten pro Erzeugnis A * 180 ME. A = 2.160 ME*

Erläuterung zur Berechnung des Zusatzbedarfs:

Sofern der Zusatzbedarf nicht als absoluter Wert, sonden als Prozentwert in der Aufgabenstellung vorgegeben wird, muss der Zusatzbedarf »im Hundert« gerechnet werden!

Rechenwege:

Sekundärbedarfe T 01 bzw. T 04:
2.160 ME; Zusatzbedarf 5 % (i. H.):

$$\text{Bruttobedarf} = \frac{2.160 \text{ ME}}{0{,}95} = 2.274 \text{ ME (gerundet)}$$

Denn wenn man als Bruttobedarf letztendlich 2.274 ME benötigt, entsprechen 114 ME genau 5 %.

Sekundärbedarf T 02:
1.800 ME; Zusatzbedarf 5 % (i. H.):

$$\text{Bruttobedarf} = \frac{1.800 \text{ ME}}{0{,}95} = 1.895 \text{ ME (gerundet)}$$

Denn wenn man als Bruttobedarf letztendlich 1.895 ME benötigt, entsprechen 95 ME genau 5 %.

5.11.3.3 Methoden der Materialbedarfsermittlung

Methoden der Materialbedarfsermittlung

deterministisch
- exakte Materialbestimmung je Erzeugnisart
  - Stücklisten
  - Arbeitpläne

stochastisch
- Grundlage sind Vergangenheitswerte
- mittels statistischer Verfahren erfolgt dann die Berechnung

heuristisch
- Bestimmung durch Schätzen
- Orientierung an Erfahrungswerten

5.11.3.4 Dispositionsverfahren

Dispositionsverfahren: Art und Weise der Materialbestellung, die je nach Fertigungsart angewendet wird.

Dispositionsverfahren

Einzelfertigung
- auftragsgesteuert

Massen-/Serienfertigung
- plangesteuert
  - Nettobedarfsrechnung
- verbrauchsgesteuert
  - Bestellpunktverfahren
  - Bestellrhythmusverfahren

Ergänzung: *Auftragsgesteuerte Disposition und plangesteuerte Disposition sind sog. programmgesteuerte Dispositionsverfahren.*

Bestellpunktverfahren

⇨ Bei jedem Lagerabgang wird geprüft, ob ein vorab fixierter Bestand (Meldebestand, Bestellpunkt) erreicht oder unterschritten ist.

⇨ Ist das der Fall, muss eine bestimmte Menge (= optimale Bestellmenge) bestellt werden.

⇨ Für das Bestellpunktverfahren sind somit feste Bestellmengen und variable Bestelltermine charakteristisch.

X_{opt} = optimale Beschaffungsmenge
MB = Meldestand
SB = Sicherheitsbestand/eiserner Bestand
WBZ = Wiederbeschaffungszeit
Ø LB = durchschnittlicher Lagerbestand

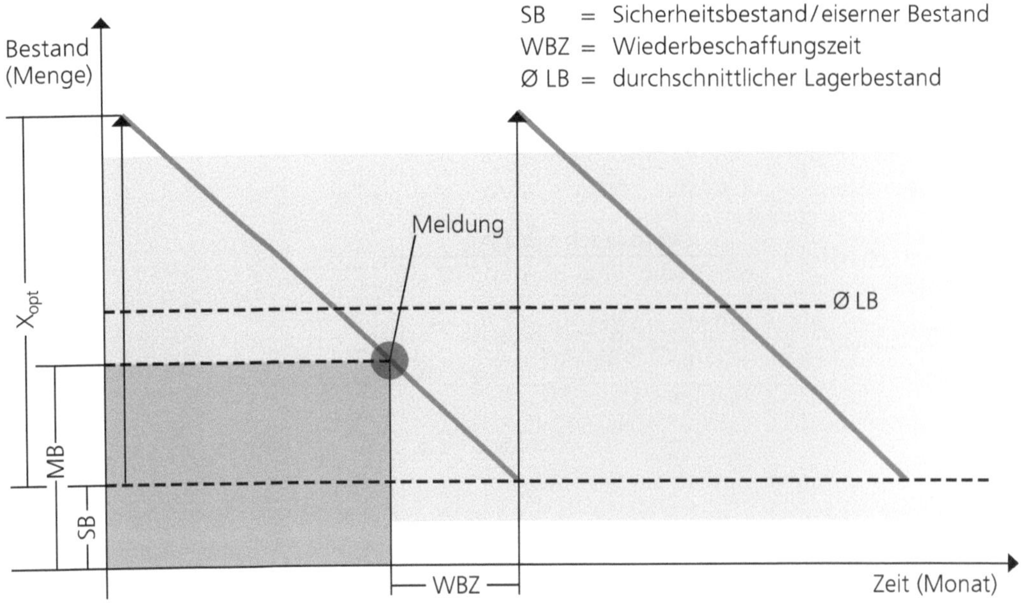

Meldebestand (MB)
= Wiederbeschaffungszeit (WBZ) * Verbrauch (ME pro Zeiteinheit) + Sicherheitsbestand (SB)

Durchschn. Lagerbestand (Ø LB)
= Sicherheitsbestand (SB) + (½ * optimale Bestellmenge) (X_{opt})

$$\text{Lagerumschlag (LU)} = \frac{\text{Verbrauch pro Jahr}}{\text{durchschn. Lagerbestand (Ø LB)}}$$

Beispiel

Bestellpunktverfahren

⇨ Ein Unternehmen stellt einige Erzeugnisarten nach der Verbrauchsdisposition (Bestellpunktverfahren) um.

⇨ Dazu benötigt der Materialdisponent den Meldebestand (MB) und den Lagerumschlag (LU).

⇨ Aus der Lagerstatistik stehen ihm folgende Daten zur Verfügung:

Sicherheitsbestand (SB)	120	ME
Wiederbeschaffungszeit (WBZ)	1,5	Wochen
durchsch. Lagerbestand (Ø LB)	360	ME
Verbrauch	100	ME/Woche

Meldebestand (MB) = Wiederbeschaffungszeit (WBZ) * Verbrauch (ME pro Zeiteinheit) + Sicherheitsbestand (SB)

Meldebestand (MB) = 1,5 Wochen * 100 ME pro Woche + 120 ME

Meldebestand (MB) = 270 ME

$$\textbf{Lagerumschlag (LU)} = \frac{\textbf{Verbrauch pro Jahr}}{\textbf{durchschn. Lagerbestand (Ø LB)}}$$

$$\text{Lagerumschlag (LU)} = \frac{\text{100 ME pro Woche} * \text{52 Wochen}}{\text{360 ME}}$$

Lagerumschlag (LU) = 14,44 mal

Bestellrhythmusverfahren

⇨ Das Bestellrhythmusverfahren beinhaltet die Überprüfung des Bestandes in festen zeitlichen Abständen.

⇨ Der Bestand wird jedes Mal auf einen festgelegten Höchstbestand (B_{max}) ergänzt.

⇨ Für das Bestellrhythmusverfahren sind somit feste Zeitpunkte und variable Bestellmengen charakteristisch.

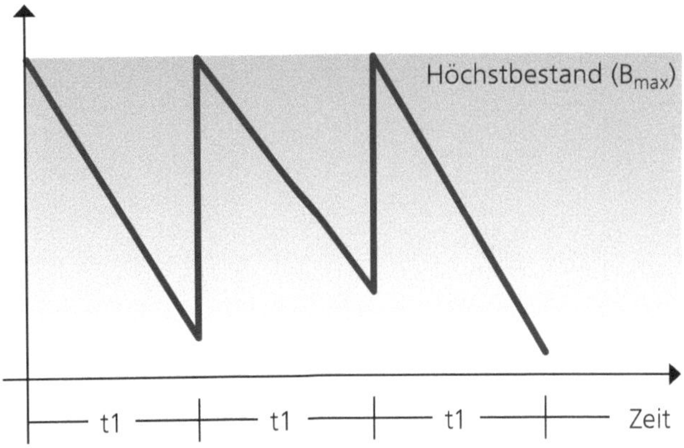

Höchstbestand (B_{max}) =
Wiederbeschaffungszeit (WBZ) * Verbrauch (ME pro Zeiteinheit) + Sicherheitsbestand (SB)

5.11.3.5 Beschaffung von Material (mithilfe der ABC-Analyse)

Die ABC-Analyse ermöglicht es,

⇨ die wichtigen Güter von den unwichtigen zu trennen,

⇨ die Schwerpunkte für Rationalisierungen festzulegen,

⇨ wirtschaftlich unrentable Vorgänge zu vermeiden,

⇨ die Wirtschaftlichkeit zu steigern und

⇨ die Bestellverfahren für die verschiedenen Materialarten festzulegen.

Eine mögliche Einteilung könnte sein:

⇨ A-Werkstoffe: 80 % Wertanteil und 15 % Mengenanteil

⇨ B-Werkstoffe: 15 % Wertanteil und 35 % Mengenanteil

⇨ C-Werkstoffe: 5 % Wertanteil und 50 % Mengenanteil

Die exakte prozentuale Grenze zwischen A, B und C kann das Unternehmen selbst festlegen, sodass eine ABC-Analyse subjektiv verläuft!

Beispiel

In einem Betrieb werden 8 Erzeugnisarten benötigt. Folgende Daten liegen vor:

Erzeugnisart	Wert (in €)
A	41.473,00 €
B	587.316,00 €
C	115.055,00 €
D	17.392,00 €
E	57.528,00 €
F	414.733,00 €
G	21.406,00 €
H	82.947,00 €

Das Unternehmen legt für die Einteilung folgende Grenzen fest:

⇨ A-Erzeugnisse: bis 80 % des Gesamtwerts

⇨ B-Erzeugnisse: bis 95 % des Gesamtwerts

⇨ C-Erzeugnisse: bis 100 % des Gesamtwerts

Schritt 1: Sortieren der Daten (nach Werten, absteigend) und Berechnung des Gesamtwerts (SUMME)

Erzeugnisart	Wert (in €)
B	587.316,00 €
F	414.733,00 €
C	115.055,00 €
H	82.947,00 €
E	57.528,00 €
A	41.473,00 €
G	21.406,00 €
D	17.392,00 €
SUMME	**1.337.850,00 €**

Schritt 2: Berechnung der prozentualen und kumulativen Anteile (kumulieren = aufaddieren)

Erzeugnisart	Wert (in €)	Wertanteil (%)	Wertanteil (%) kumuliert
B	587.316,00 €	43,90 %	43,90 %
F	414.733,00 €	31,00 %	74,90 %
C	115.055,00 €	8,60 %	83,50 %
H	82.947,00 €	6,20 %	89,70 %
E	57.528,00 €	4,30 %	94,00 %
A	41.473,00 €	3,10 %	97,10 %
G	21.406,00 €	1,60 %	98,70 %
D	17.392,00 €	1,30 %	100,00 %
SUMME	**1.337.850,00 €**	**100,00 %**	

Schritt 3: Einteilung in A, B, C nach vorgegebener Einteilung

Erzeugnisart	Umsatz	Umsatzanteil (%)	Umsatzanteil (%) kumuliert	Klassifizierung
B	587.316,00 €	43,90 %	43,90 %	A
F	414.733,00 €	31,00 %	74,90 %	A
C	115.055,00 €	8,60 %	83,50 %	B
H	82.947,00 €	6,20 %	89,70 %	B
E	57.528,00 €	4,30 %	94,00 %	B
A	41.473,00 €	3,10 %	97,10 %	C
G	21.406,00 €	1,60 %	98,70 %	C
D	17.392,00 €	1,30 %	100,00 %	C
SUMME	**1.337.850,00 €**	**100,00 %**		

Eine ABC-Analyse kann dann im Anschluss noch **grafisch** dargestellt werden.

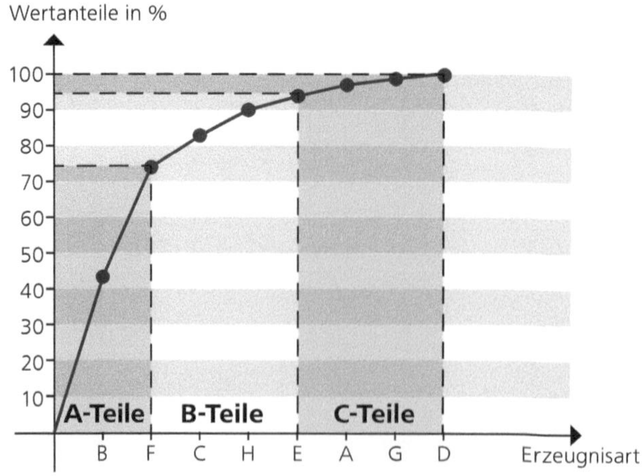

Implikationen

- ⇨ Bei A-Gütern kommen relativ genaue Bestellverfahren zum Einsatz.
- ⇨ Um die durchschnittlichen Lagerbestände und damit die Lagerkosten gering zu halten, wird laufend bestellt, während C-Güter häufig einfach periodisch in einer bestimmten Menge bestellt werden.
- ⇨ Ein Unternehmen kann umso erfolgreicher rationalisieren, je mehr Anstrengungen es bei den A-Gütern unternimmt.
- ⇨ Bei C-Gütern dagegen werden hohe Anstrengungen einen kostenmäßig nur geringen Nutzen bringen.

5.11.3.6 Bestellmengenermittlung

Beschaffungskosten (K_{Bges})
= fixe Kosten pro Bestellung (K_{BF}) * Anzahl Bestellungen pro Periode (n)

$$\text{Anzahl Bestellungen pro Periode (n)} = \frac{\text{gesamter Bedarf pro Periode } (X_{ges})}{\text{Bestellmenge (X)}}$$

Lagerkosten (K_{Lges})
= durchschn. Lagermenge ($X/2$) * Einstandspreis (EP) * Zinsfaktor für Lagerung (i_{Lf})

Einstandspreis (EP) = Listenpreis (netto) - Rabatte - Skonti + Bezugskosten

$$\text{Zinsfaktor für Lagerung } (i_{Lf}) = \frac{\text{Zinssatz für Lagerung } (i_L)}{100}$$

Zinssatz für Lagerung (i_L)
= Zinssatz für Kapitalbindung (i_{L1}) + Zinssatz für Lagerhaltung (i_{L2})

5.11.3.7 Optimale Bestellmenge (Andler-Formel)

Die optimale Bestellmenge ist die Beschaffungsmenge, bei der die Summe aus Beschaffungs- und Lagerkosten am niedrigsten ist.

$$\textbf{Optimale Bestellmenge } (x_{opt}) = \sqrt{\frac{200 * K_{BF} * X_{ges}}{EP * i_L}} \quad \textit{(Andler-Formel)}$$

$$\textbf{Optimale Anzahl der Bestellungen } (n_{opt}) = \frac{X_{ges}}{X_{opt}}$$

alternativ:

$$\textbf{Optimale Anzahl der Bestellungen } (n_{opt}) = \sqrt{\frac{X_{ges} * EP * i_L}{200 * K_{BF}}}$$

Beispiel

Zur Ermittlung der optimalen Bestellmenge sowie der optimalen Anzahl der Bestellungen sind folgende Daten bekannt:

Gesamter Bedarf pro Periode	(X_{ges})	15.000 Stk.
Fixe Kosten pro Bestellung	(K_{BF})	50 € pro Bestellung
Zinssatz für Lagerung	(i_L)	30 % pro Jahr
Einstandspreis	(EP)	20 € pro Stk.
Optimale Bestellmenge	(x_{opt})	$\sqrt{\frac{200 * 50 * 15.000}{20 * 30}}$
Optimale Bestellmenge	(x_{opt})	$\sqrt{\frac{150.000.000}{600}}$
Optimale Bestellmenge	(x_{opt})	$\sqrt{250.000}$
Optimale Bestellmenge	(x_{opt})	500 Stk.
Optimale Anzahl der Bestellungen	(n_{opt})	$\frac{15.000}{500} = 30$

5.11.3.8 Optimale Bestellmenge (tabellarische Lösung)

Folgende Daten sind gegeben:

Gesamter Bedarf pro Periode	(X_{ges})	15.000 Stk.
Fixe Kosten pro Bestellung	(K_{BF})	50 € pro Bestellung
Zinsfaktor für Lagerung	(i_{Lf})	0,3
Einstandspreis	(EP)	20 € pro Stk.

Bestellmenge (x)	Anzahl Bestellungen	Bestellkosten	Lagerkosten	Gesamtkosten
300	50	2.500	900	3.400
400	37,5	1.875	1.200	3.075
500	**30**	**1.500**	**1.500**	**3.000**
600	25	1.250	1.800	3.050

Lagerkosten (K_{Lges}) =

durchschn. Lagermenge ($^{X}/_{2}$) * Einstandspreis (EP) * Zinsfaktor für Lagerung (i_{Lf})

Beispielrechnung der Lagerkosten für Bestellmenge 300 Stk. pro Bestellung:

$$\text{Lagerhaltungskosten} = \frac{300\text{ Stk.}}{2} * 20\text{ €} * 0{,}3 = 900\text{ €}$$

6. Organisationsentwicklung (OE)

6.1 Gegenstand und Ziele der Organisationsentwicklung

- ⇨ Ganzheitliches Führungs- und Vorgehenskonzept für die Gestaltung, Steuerung und Verankerung von Veränderungsprozessen in Unternehmen.
- ⇨ Organisationsentwicklung ist mittel- bis langfristig angelegt und systemorientiert.
- ⇨ Ziele der Organisationsentwicklung sind die Verbesserung der organisatorischen Leistungsfähigkeit und Humanisierung der Arbeit durch Veränderung von Unternehmensstrukturen, Prozessen und Verhalten von Mitarbeitern (lernende Organisation).
- ⇨ Wichtig ist die aktive Beteiligung der betroffenen Mitarbeiter am Veränderungsprozess.

6.2 Changemanagement

- ⇨ Changemanagement ist umfassender als Organisationsentwicklung.
- ⇨ Sämtliche Prozesse der globalen Veränderung sind Gegenstand des Changemanagements.
- ⇨ Zwei grundsätzliche Arten von Veränderungsprozessen:
  - »harte« revolutionäre Ansätze, wie z. B. Business Reengineering oder Business Transformation
  - »weiche« evolutionäre Ansätze, wie z. B. Ansätze der Organisationsentwicklung mit aktiver Beteiligung der Mitarbeiter

6.3 Phasenmodell der Organisationsentwicklung (nach Lewin)

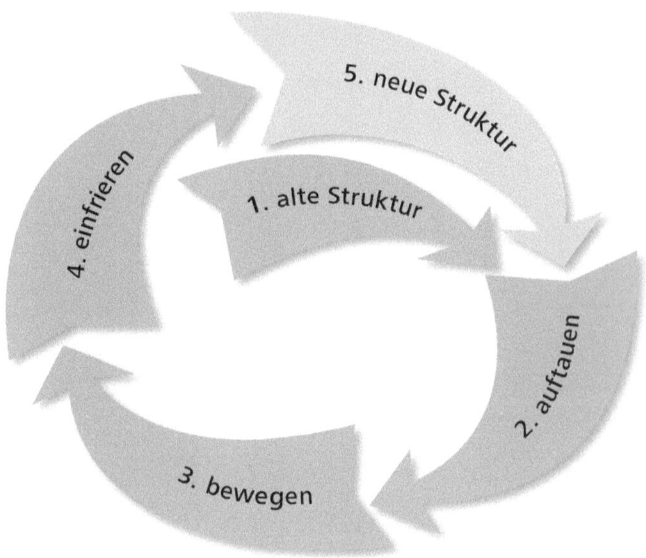

6.4 Fehler, die den Erfolg von Veränderungen gefährden können

- ⇨ fehlende Übereinstimmung zwischen Geschäftsleitung, Führungskräften aller Hierarchieebenen, Mitarbeitern und Betriebsrat
- ⇨ keine Aufstellung konkreter Zielvorgaben von der Geschäftsleitung
- ⇨ mangelndes Budget
- ⇨ unrealistische Zeitplanung für die Durchführung
- ⇨ Bekämpfung von Widerständen/Symptomen, statt Ursachen zu erforschen und zu beseitigen
- ⇨ Veränderungen gehen nicht von Kundenerwartungen aus, sondern von den Bedürfnissen der eigenen Unternehmung
- ⇨ fehlende/zu späte Information/Einbeziehung der betroffenen Abteilungen/Mitarbeiter
- ⇨ fehlendes Verständnis für die Abwehrhaltung der Betroffenen

6.5 Auswirkungen der Organisationsentwicklung auf die Prozessgestaltung und Funktionsausübung

- ⇨ Zeitliche und räumliche Abläufe sind von der Organisationsentwicklung betroffen.
- ⇨ Organisationsentwicklung hat Auswirkungen auf die Aufbau- und die Ablauforganisation.
- ⇨ Sämtliche Arbeitsplätze und Bereiche müssen untersucht und ggf. umgestaltet werden.
- ⇨ Arbeitsabläufe müssen erfasst und dargestellt und die Arbeitspapiere (Prozesspapiere) analysiert werden.
- ⇨ Arbeitspapiere (Prozesspapiere) sind Informationsträger, die das Material zwecks Kennzeichnung der Sachnummer, des Laufwegs, der Bearbeitungszeit usw. beschreiben (Laufkarten, Tageszettel, Materialentnahmescheine etc.).

Darstellung von Ablaufanalysen

zeitlich

- Zeitaufnahme
- tabellarische Ablaufdarstellung
- Flussdiagramm/ Programmablaufplan
- Balkendiagramm/ Gantt-Diagramm
- Netzplan

räumlich

- Anordnung und Verbindung mehrerer Arbeitsplätze
- Ablaufprinzipien
  - Verrichtungsprinzip
  - Flussprinzip
  - Sternprinzip
  - Inselprinzip
  - Platzprinzip

6.6 Phasen des Organisationszyklus

6.7 Strategien der Organisationsentwicklung

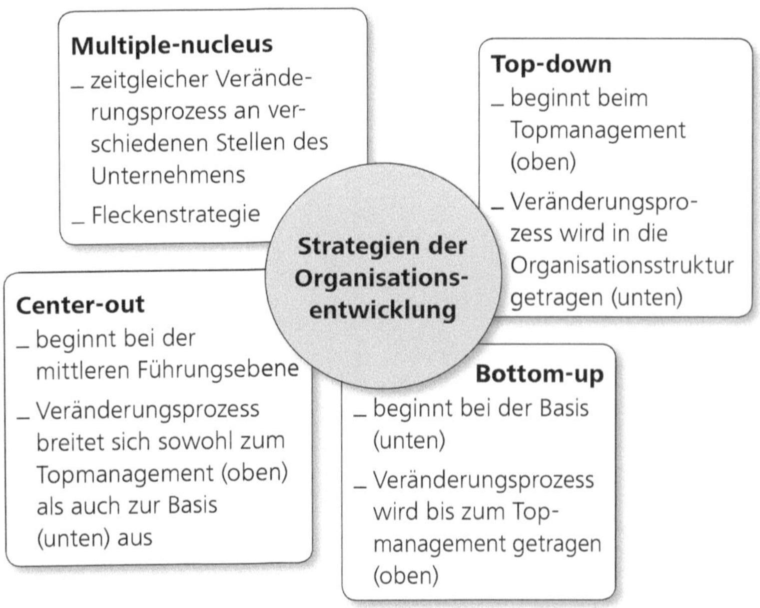

7. Formen der Entgeltfindung

7.1 Bereiche der relativen Lohngerechtigkeit

⇨ **Anforderungsgerechtigkeit:**
Lohnhöhe soll den objektiven Anforderungen des Arbeitsplatzes entsprechen
(Basis: Arbeitsplatzbewertungen und Stellenbeschreibungen)

⇨ **Leistungsgerechtigkeit:**
Lohnhöhe soll der individuellen Leistung des Mitarbeiters entsprechen
(Basis: Zeitstudien und Leistungsbewertungen)

⇨ **Verhaltensgerechtigkeit:**
Art und Weise der Aufgabenerfüllung
(Verhaltensweisen, Qualitätsstandards, Pünktlichkeit etc.)

⇨ **Soziale Gerechtigkeit:**
Erfolgsbeteiligungen, betriebliche Sozialleistungen, Berücksichtigung von Betriebszugehörigkeit und/oder Familienstand

Zusammensetzung des Gesamtlohns

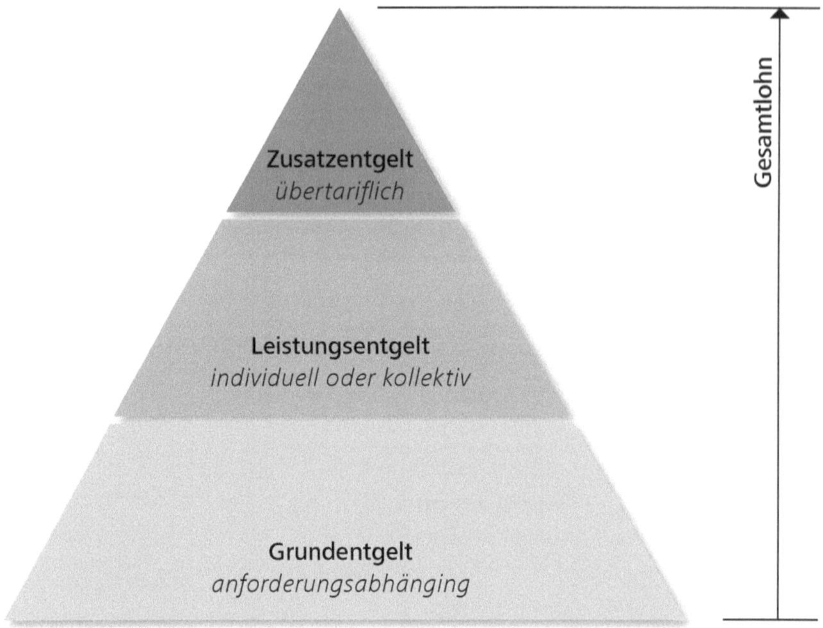

7.2 Anforderungsabhängige Ermittlung der Entgeltdifferenzierung (= Arbeitsbewertung)

Arbeitsbewertung

summarisch	analytisch
Gesamtbeurteilung der Arbeitsschwierigkeit (summarische Berücksichtigung der einzelnen Anforderungsarten)	Differenzierte Beurteilung der Arbeitsschwierigkeit anhand einzelner Anforderungsarten, die jeweils eine Wertzahl erhalten. Anschließende Addition der Wertzahlen.

Rangfolgeverfahren	Lohngruppenverfahren	Rangreihenverfahren	Stufenwertzahlverfahren

7.3 Leistungsabhängige Ermittlung der Entgeltdifferenzierung

Die leistungsabhängige Ermittlung ist die Bewertung der von den Mitarbeitern beeinflussten Arbeitsleistung (individuelle oder kollektive Leistung).

⇨ Leistungsbeurteilung nach festgesetzten Kriterien (Erfassen von Istzeiten mit Leistungsbeurteilung nach REFA)

⇨ Entwicklung von Leistungskennzahlen: unterschiedliche Leistungsergebnisse einzelner Mitarbeiter (oder Gruppen) werden durch Messen einer Istleistung im Vergleich zu einer vorgegebenen Sollleistung festgestellt, wobei Zeit die wichtigste Bezugsgröße ist

7.4 Entlohnungsformen

Entgeltdifferenzierung

anforderungsabhängig

leistungsabhhängig

Zeitlohn

Leistungslohn
_ Prämienlohn
_ Akkordlohn
_ Sonderformen

7.4.1 Zeitlohn

- ⇨ festes Entgelt für eine bestimmte Zeiteinheit (z. B. fester Stundenlohn, fester Monatslohn bzw. Gehalt bei Angestellten)
- ⇨ Bestimmung eines (konstanten) anforderungsabhängigen Grundlohns in der Erwartung einer angemessenen Leistung nach der Anwesenheitszeit
- ⇨ Lohnhöhe differenziert nach der Arbeitsanforderung (Lohngruppe)
- ⇨ keine Berücksichtigung der Unterschiede in der persönlichen Leistung der Mitarbeiter

Zeitlohn = Lohnsatz pro Zeiteinheit (€/h) * Anzahl Zeiteinheiten (h)

7.4.2 Akkordlohn

- ⇨ proportionaler Zusammenhang zwischen der individuellen Leistung und der Lohnhöhe
- ⇨ beim Akkordlohn grundsätzlich Unterscheidung zwischen Zeitakkord und Geldakkord
  - Zeitakkord: Für eine bestimmte Tätigkeit wird eine definierte Zeit vorgegeben (Zeitsatz).
  - Geldakkord: Mitarbeiter erhält beim Geldakkord für eine Arbeitsleistung einen bestimmten Geldsatz.
- ⇨ als Leistungskennzahl in der Regel Nutzung des **Zeitgrads** (Voraussetzung: planbare Arbeitsabläufe mit Vorgabe- bzw. Sollzeiten)

$$\text{Bruttolohn} = \text{Auftragszeit (in h)} * \text{Akkordrichtsatz (ARS)}$$

$$\text{Akkordrichtsatz (ARS)} = \text{Tariflohn} + \text{Akkordzuschlag}$$

$$\text{Minutenfaktor} = \frac{\text{Akkordrichtsatz (ARS)}}{60}$$

$$\text{Zeitgrad} = \frac{\text{Sollzeit}}{\text{Istzeit}} * 100$$

$$\text{Zeitsatz} = \frac{\text{Menge pro Periode}}{\text{Dauer der Periode}}$$

$$\text{Geldsatz} = \frac{\text{Akkordrichtsatz (ARS)}}{\text{Sollmenge}}$$

$$\text{Akkordstundenlohn} = \text{Akkordrichtsatz (ARS)} * \frac{\text{Zeitgrad}}{100}$$

7.4.3 Prämienlohn und Prämienarten

⇨ Leistungslohnform, die sowohl anforderungs- als auch leistungsgerecht ist.

Prämienlohn = Grundlohn + Prämie

Prämienarten

Prämienarten

Verbundprämien
_ Kombination

Mengenprämie
_ Menge
_ Zeit

Qualitätsprämie
_ Nacharbeitszeit
_ Ausschussmenge
_ Gutstück

Nutzungsprämie
_ Betriebsmittelnutzung maximieren
_ Stillstandzeiten minimieren
_ Rüstzeiten minimieren

Ersparnisprämie
_ Material
_ Zeit
_ Stoffausbeute
_ Energie

Ersparnisprämie

$$\text{Materialersparnisgrad} = \frac{\text{eingesparte Menge}}{\text{Eingabemenge}} * 100$$

$$\text{Zeitersparnisgrad} = \frac{\text{Sollbearbeitungszeit - Istbearbeitungszeit}}{\text{Sollbearbeitungszeit}} * 100$$

$$\text{Stoffausbeutegrad} = \frac{\text{Ausbringungsmenge IST}}{\text{Eingabemenge}} * 100$$

$$\text{Energieverbrauchsgrad} = \frac{\text{produzierte Menge pro Periode}}{\text{Energieverbrauch pro Periode}} * 100$$

$$\text{Nutzungsgrad} = \frac{\text{Sollzeit aller gefertigten Gutstücke}}{\text{Bearbeitungszeit aller Teile}} * 100$$

Qualitätsprämie

$$\text{Nacharbeitsgrad} = \frac{\text{Nacharbeitszeit}}{\text{Produktionszeit}} * 100$$

$$\text{Ausschussgrad I} = \frac{\text{Ausschussmenge}}{\text{Produktionsmenge}} * 100$$

$$\text{Ausschussgrad II} = \frac{\text{Ausschussmenge}}{\text{Eingabemenge}} * 100$$

8. KVP und KAIZEN

- ⇨ **KVP:** kontinuierlicher Verbesserungsprozess (Übersetzung des japanischen Wortes »KAIZEN«) als Teil der allgemeinen Unternehmenskultur
- ⇨ **KAIZEN (japanisch):** »Veränderung« (KAI) + »das Gute« (ZEN) = »ständige Verbesserung«
- ⇨ **stetige Verbesserung** der Produkt-, Prozess- und Servicequalität eines Unternehmens (auch kleine Verbesserungen sind erwünscht)
- ⇨ **Rahmenbedingungen:** Bereitstellung von Arbeitszeit, Weiterbildungsmaßnahmen, Implementierung in Arbeitsabläufe und Prozesse, Umsetzung der geschaffenen Ideen

8.1 Ziele des KVP

8.2 Schritte des KVP

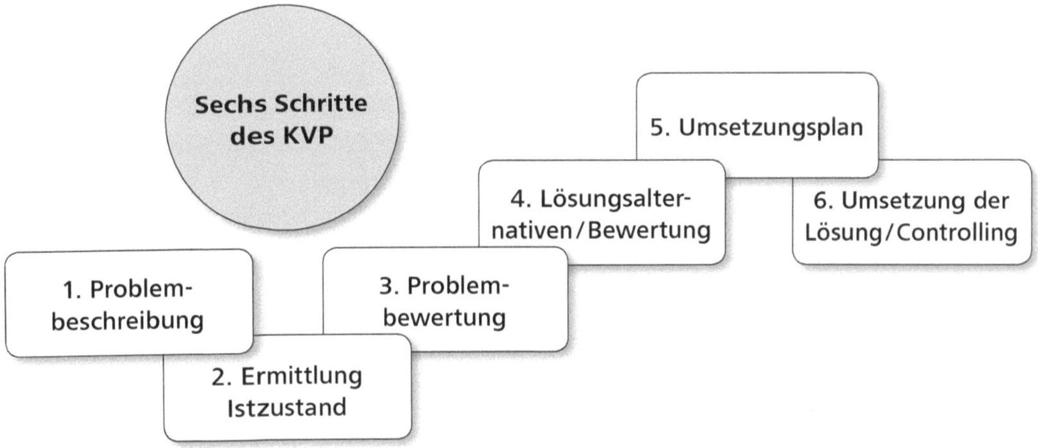

8.3 Arten der Verschwendung

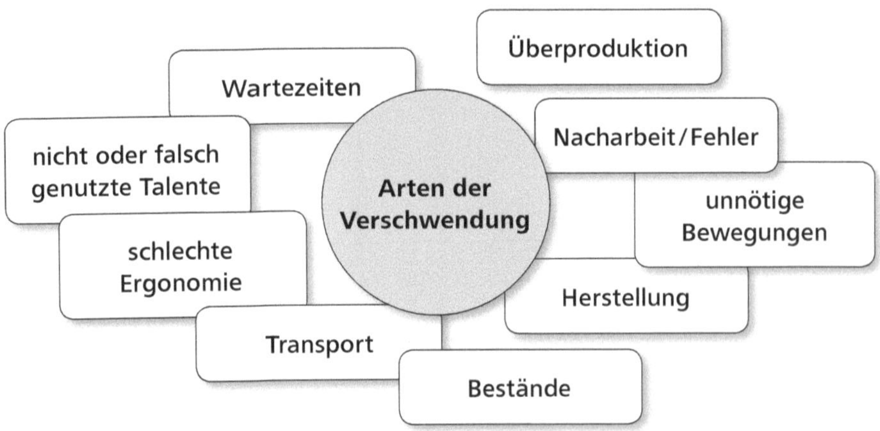

8.4 Ergonomische Arbeitsplatzgestaltung

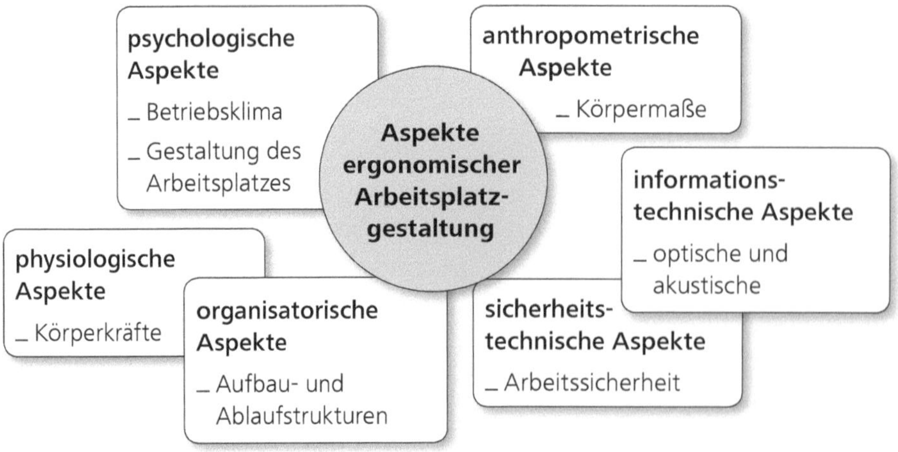

8.5 Bewertung von Verbesserungsvorschlägen

Bewertung von Verbesserungsvorschlägen

Bewertungsfaktoren

- Originalität
- Durchführbarkeit
- Reifegrad
- Korrekturfaktoren
  - Position in Hierarchie
  - Nähe zum eigenen Arbeitsfeld
  - Kreativität
  - Neuigkeit

Methoden

- Nutzen errechenbar
  - Zeiteinsparung
  - Einsparung an Kapitalbindungskosten
  - Einsparung an Rüstkosten
  - Einsparung an Kosten für Produktionsfaktoren (Betriebsmittel, Werkstoffe, Arbeit)
- Nutzen nicht errechenbar
  - Arbeitssicherheit
  - Betriebsschutz
  - Image
  - Zusammenarbeit im Betrieb
  - soziale Maßnahmen

9. Rechnungswesen

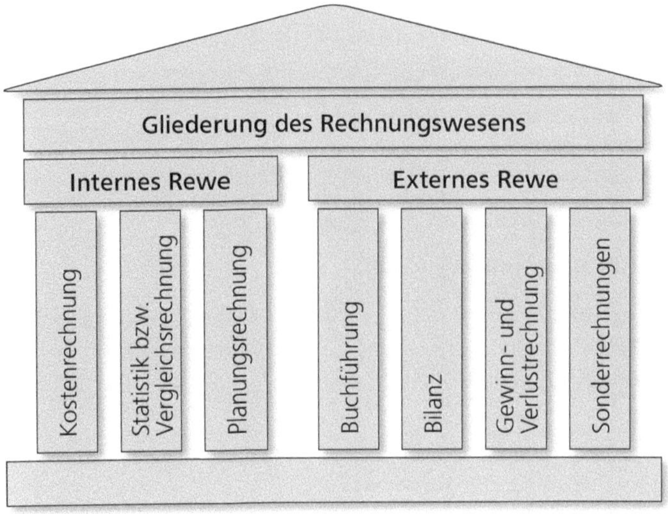

Rechnungswesen

- ⇨ systematische zahlenmäßige Erfassung, Überwachung und Auswertung des gesamten Unternehmensgeschehens
- ⇨ Unterteilung in das externe Rechnungswesen (Finanzbuchhaltung) und das interne Rechnungswesen (Betriebsbuchhaltung)
- ⇨ Unterscheidung einzelner Bereiche des Rechnungswesens bzgl. ihrer Aufgabenstellung, allerdings stehen sie in engem Zusammenhang und ergänzen sich gegenseitig

9.1 Externes Rechnungswesen (Finanzbuchhaltung)

- ⇨ Abbildung der finanziellen Situation des Unternehmens nach außen hin
- ⇨ Darstellung der Vermögens-, Finanz- und Ertragslage des Unternehmens (Bilanz, Gewinn- und Verlustrechnung)
- ⇨ rechtliche Grundlage: insbesondere Handelsgesetzbuch (HGB)
- ⇨ Adressaten: Staat (insb. Finanzamt), Anteilseigner, Öffentlichkeit
- ⇨ vergangenheitsorientiert

9.1.1 Buchführung

⇨ Erfassung der Höhe und der Veränderungen der Vermögens- und Kapitalbestände bzw. sämtlicher Aufwendungen und Erträge einer bestimmten Rechnungsperiode (Zeitrechnung)

⇨ Aufzeichnung sämtlicher Geschäftsvorfälle anhand von Belegen, sachlich und zeitlich geordnet (Dokumentationszweck)

⇨ Rechenschaftslegung über Höhe und Zusammensetzung des Vermögens und des Kapitals bzw. über den Erfolg innerhalb eines Geschäftsjahres (Rechenschaftslegungsfunktion)

9.1.2 Grundsätze ordnungsgemäßer Buchführung (GoB)

⇨ Die Buchführung gilt als ordnungsgemäß, wenn sie so beschaffen ist, dass sie einem sachverständigen Dritten (Steuerberater, Betriebsprüfer des Finanzamts) in angemessener Zeit einen Überblick über die Geschäftsvorfälle und Lage des Unternehmens vermitteln kann (§ 238 HGB, § 145 AO).

⇨ Die Buchführung muss deshalb allgemein anerkannten und sachgerechten Normen entsprechen, und zwar den »Grundsätzen ordnungsmäßiger Buchführung« (GoB).

⇨ Quellen der GoB sind vor allem Wissenschaft und Praxis, die Rechtsprechung sowie Empfehlungen der Wirtschaftsverbände.

⇨ Zahlreiche Grundsätze haben ihren Niederschlag in handels- und steuerrechtlichen Vorschriften gefunden.

⇨ Aufgabe der GoB ist es, Unternehmenseigner sowie Gläubiger des Unternehmens vor falschen Informationen und Verlusten zu schützen.

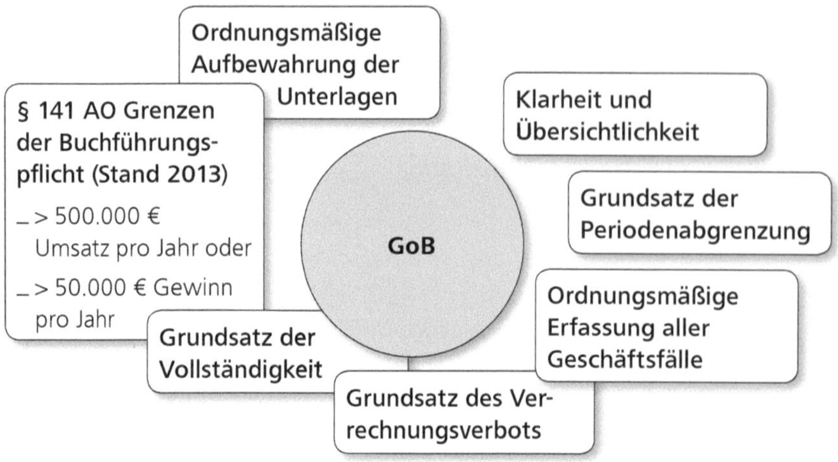

9.1.3 Systematik der Finanzbuchhaltung

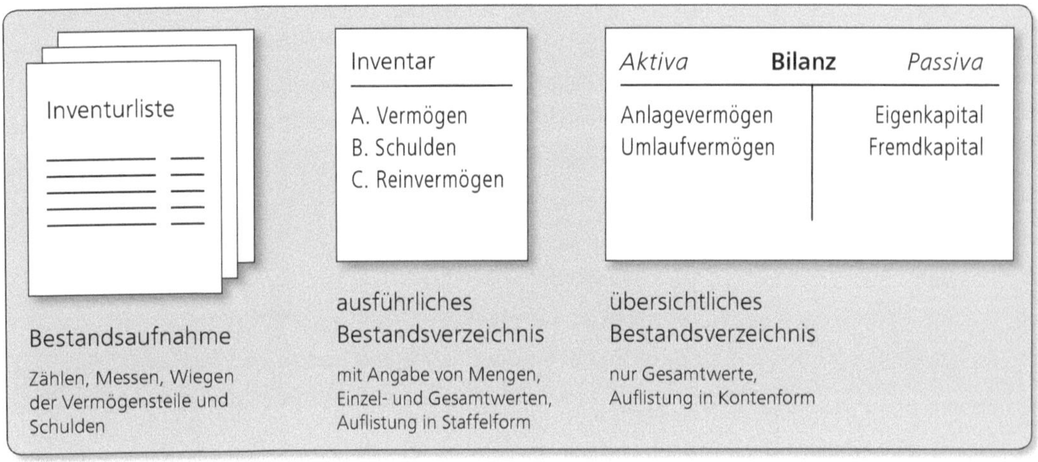

9.1.4 Inventur und Inventurverfahren

⇨ Inventur ist die körperliche und buchmäßige Bestandsaufnahme aller Vermögensgegenstände und Schulden eines Unternehmens:

- Körperliche Bestandsaufnahme: Zählen, Messen, Wiegen (ggf. auch Schätzen) von körperlich erfassbaren Teilen des Anlage- und Umlaufvermögens und anschließende Bewertung.
- Buchmäßige Bestandsaufnahme von körperlich nicht erfassbaren Teilen des unbeweglichen Anlagevermögens (z. B. Grundstücke, Gebäude) sowie der Forderungen und Verbindlichkeiten mit den Werten, die in der laufenden Buchführung ermittelt wurden.

Inventur

Inventursysteme

- Stichtagsinventur
- zeitverschobene Inventur
- permanente Inventur

Inventurverfahren

- körperlich
  - Vollaufnahme
  - Stichprobeninventur
- buchmäßig
- anhand von Dokumenten

9.1.5 Inventar

⇨ Die Ergebnisse der Inventur werden in einem ausführlichen Bestandsverzeichnis (Vermögen und Schulden nach Art, Menge und Wert), dem Inventar, festgehalten.

⇨ Die Darstellungsform ist die Staffelform (die einzelnen Positionen erscheinen untereinander).

⇨ Bestandteile des Inventars:

- Vermögen (Anlagevermögen, Umlaufvermögen)
- Schulden (langfristige und kurzfristige Verbindlichkeiten)
- Reinvermögen = Eigenkapital (Summe Vermögen - Summe Schulden)

⇨ Das Vermögen wird nach steigender Liquidität geordnet.

⇨ Die Schulden werden nach ihrer Fälligkeit geordnet (langfristig, kurzfristig).

⇨ Das Inventar ist Grundlage eines ordnungsmäßigen Jahresabschlusses (§ 240 HGB).

Grobstruktur Inventar

A. Vermögen

	Anlagevermögen
+	Umlaufvermögen
=	**Gesamtvermögen**

B. Schulden

	langfristige Schulden
+	kurzfristige Schulden
=	**Gesamtschulden**

C. Errechnung des Eigenkapitals

	Gesamtvermögen
-	Gesamtschulden
=	**Eigenkapital (Reinvermögen)**

9.1.6 Jahresabschluss

Jahresabschluss Kapitalgesellschaften

- Bilanz
- GuV
- Anhang
- Lagebericht

9.1.7 Bilanz

⇨ Die Bilanz ist eine aus dem Inventar abgeleitete wertmäßige Gegenüberstellung von Vermögen (Aktiva) und Kapital (Passiva) eines Unternehmens zu einem bestimmten Zeitpunkt (in Kontenform).

⇨ Aktivseite = Mittelverwendung (Investition)

⇨ Passivseite = Mittelherkunft (Finanzierung)

Mindestgliederung Bilanz (§ 247 HGB)

⇨ Anlage- und das Umlaufvermögen

⇨ Eigenkapital

⇨ Schulden

⇨ aktive und passive Rechnungsabgrenzungsposten

Beispiel einer vereinfachten Bilanz

Bilanz

der Firma Dornfelder OHG zum 01.01.201X

Aktiva							Passiva
I.	**Anlagevermögen**			I.	**Eigenkapital**		185.400,00 €
	1.	Gebäude	250.000,00 €				
	2.	Maschinen	140.000,00 €	II.	**Fremdkapital**		
	3.	Fahrzeuge	60.000,00 €		1.	Darlehen	288.000,00 €
	4.	Betriebs- und Geschäftsausstattung	12.000,00 €		2.	Verbindlichkeiten aus Lieferungen und Leistungen	24.118,00 €
II.	**Umlaufvermögen**						
	1.	Vorräte	5.000,00 €				
	2.	Forderungen aus Lieferungen und Leistungen	6.200,00 €				
	3.	Bankguthaben	22.818,00 €				
	4.	Kasse	1.500,00 €				
			497.518,00 €				497.518,00 €
Musterstadt, 31.01.201X						B. Dornfelder	
						Bernhard Dornfelder	

Die Bilanzsumme muss auf beiden Seiten gleich sein (Aktiva = Passiva!).

9.1.8 Vier Möglichkeiten der Bilanzveränderung

Vier Möglichkeiten der Bilanzveränderung

Aktiv-Passiv-Minderung
- Geschäftsvorfall betrifft beide Seiten (Verringerung Bilanzsumme)
- Beispiel: Bezahlung von offenen Rechnungen per Banküberweisung

Aktivtausch
- Geschäftsvorfall betrifft nur Aktiva
- Beispiel: Kauf Rohstoffe per Banküberweisung

Passivtausch
- Geschäftsvorfall betrifft nur Passiva
- Beispiel: Umwandlung Verbindlichkeiten in ein Darlehen (Umschuldung)

Aktiv-Passiv-Mehrung
- Geschäftsvorfall betrifft beide Seiten (Erhöhung Bilanzsumme)
- Beispiel: Kauf Rohstoffe per Kredit

9.1.9 Gewinn- und Verlustrechnung (GuV)

⇨ Aufstellung des Kaufmanns einer Gegenüberstellung der Aufwendungen und Erträge nach § 242 Abs. 2 HGB

⇨ Darstellung von Erträgen und Aufwendungen eines bestimmten Zeitraumes (i. d. R. eines Geschäftsjahres)

⇨ Ausweis der Art, Höhe und der Quellen des unternehmerischen Erfolgs

⇨ Erträge > Aufwendungen = Gewinn; Erträge < Aufwendungen = Verlust

⇨ ein Gewinn erhöht bzw. ein Verlust vermindert das Eigenkapital in der Bilanz

9.1.9.1 GuV in Kontenform

⇨ Die Kontenform zeigt das Ergebnis als Saldo auf der entsprechenden Kontoseite: Als Sollsaldo bei Gewinn, als Habensaldo bei Verlust.

⇨ Aufwendungen werden auf der linken Seite (Sollseite) und Erträge auf der rechten Seite (Habenseite) aufgeführt.

GuV-Rechnung in Kontenform

Aufwendungen *(Sollseite)*	**Erträge** *(Habenseite)*
Materialaufwand Personalaufwand Abschreibungen sonstige Aufwendungen Zinsaufwand außerordentlicher Aufwand	Umsatz Zinserträge außerordentliche Erträge
Gewinn	**Verlust**
Summe	**Summe**

9.1.9.2 GuV in Staffelform

(§ 275 HGB für Kapitalgesellschaften vorgeschrieben)

⇨ Staffelform: Anordnung der einzelnen Positionen untereinander

⇨ Ermittlung Gewinn bzw. Verlust über eine Fortrechnung in mehreren Zwischenschritten (Teilergebnisse)

⇨ Vorteil: Quellen des Erfolgs werden sichtbar (Betriebsergebnis, Finanzergebnis, Ergebnis der gewöhnlichen Geschäftstätigkeit, außerordentliches Ergebnis, Jahresergebnis vor bzw. nach Steuern)

⇨ Wahl zwischen Umsatzkostenverfahren und Gesamtkostenverfahren

- Gesamtkostenverfahren (in der Praxis üblich):
  gesamte Erträge (Umsatzerlöse +/- Bestandsveränderungen + aktivierte Eigenleistungen) - gesamte Kosten
- Umsatzkostenverfahren:
  Umsatzerlöse - Selbstkosten des Umsatzes

Beispiel GuV-Rechnung in Staffelform nach dem Gesamtkostenverfahren

Pos.-Nr. § HGB	Bezeichnung der Position	T €
1	Umsatzerlöse	10.000
2	+/- Bestandsänderungen an fertigen und unfertigen Erzeugnissen	900
3	andere aktivierte Eigenleistungen	600
4	sonstige betriebliche Erträge	1.000
	Betriebliche Erträge (Gesamtertrag des Betriebs)	**12.500**
5	Materialaufwendungen	3.500
6	Personalaufwendungen	5.200
7	Abschreibungsaufwand	1.800
8	sonstige betriebliche Aufwendungen	3.000
	Betriebliche Aufwendungen (Gesamtaufwand des Betriebs)	**13.500**
	Betriebsergebnis	**- 1.000**
9 – 10	Beteiligungs- und Wertpapiererträge	2.150
11	Zinsen und ähnliche Erträge	300
	Finanzerträge	**2.450**
12	Abschreibungen auf Finanzwerte	400
13	Zinsen und ähnliche Aufwendungen	50
	Finanzaufwendungen	**450**
	Finanzergebnis	**2.000**
	Ergebnis der gewöhnlichen Geschäftstätigkeit	**1.000**
14	außerordentliche Erträge	1.500
16	außerordentliche Aufwendungen	600
17	**außerordentliches Ergebnis**	**900**
	Jahresergebnis vor Steuern	**1.900**
18 – 19	gesamter Steueraufwand	1.400
20	**Jahresergebnis nach Steuern**	**500**

9.1.10 Anhang (nur für Kapitalgesellschaften)

⇨ Erläuterung, Aufschlüsselung und Ergänzung von Angaben in der Bilanz und der GuV

9.1.11 Lagebericht (nur für Kapitalgesellschaften)

⇨ kritische Reflektion der Situation des Unternehmens in seiner gesellschaftlichen und ökonomischen Umwelt (Chancen, Risiken, Liquidität, Branche, Personalstruktur etc.)

9.1.12 Bestandsveränderungen

⇨ Änderungen in den Beständen des Vorratsvermögens, speziell bei Halb- und Fertigfabrikaten (Erhöhung oder Verminderung an unfertigen und fertigen Erzeugnissen)

_ produzierte Menge pro Periode > abgesetzte Menge pro Periode: Bestandserhöhung

_ produzierte Menge pro Periode < abgesetzte Menge pro Periode: Bestandsminderung

⇨ Bewertung von Bestandsveränderungen zu Herstellkosten

9.2 Internes Rechnungswesen (Betriebsbuchhaltung)

⇨ Planung, Steuerung und Kontrolle bewerteter Unternehmensprozesse im Hinblick auf die Maximierung des Unternehmenserfolgs

⇨ Informationen des internen Rechnungswesens dienen vor allem einer objektiven Fundierung von Managemententscheidungen

⇨ rechtliche Grundlagen: keine, sodass auch – im Vergleich zum externen Rechnungswesen – mit abweichenden und zusätzlichen Bewertungsansätzen gearbeitet werden kann

⇨ Adressaten: interne, insbesondere Management

⇨ vergangenheits- und zukunftsorientiert

9.2.1 Kosten- und Leistungsrechnung (KLR)

⇨ betriebsbezogen (Betriebsergebnis), im Gegensatz zur Buchführung, die unternehmensbezogen ist (Gesamtergebnis)

⇨ Erfassung von Kosten und Leistungen, die durch die Erfüllung des Kerngeschäfts (eigentliche betriebliche Tätigkeit) verursacht werden

⇨ Überwachung der Wirtschaftlichkeit der betrieblichen Tätigkeiten

⇨ Ermittlung von Selbstkosten als Basis für die Kalkulation von Angebotspreisen

9.2.2 Statistik (Vergleichsrechnung)

- ⇨ Aufbereitung und Auswertung der Zahlen der Buchführung und der KLR, um das laufende Geschäft zu überwachen und um Informationen für die Unternehmensplanung und die Disposition zu gewinnen.
- ⇨ Vergleich der Statistiken mit vergangenen Perioden (Zeitvergleich)
- ⇨ Vergleich der Statistiken mit Unternehmen der gleichen Branche (Betriebsvergleich)

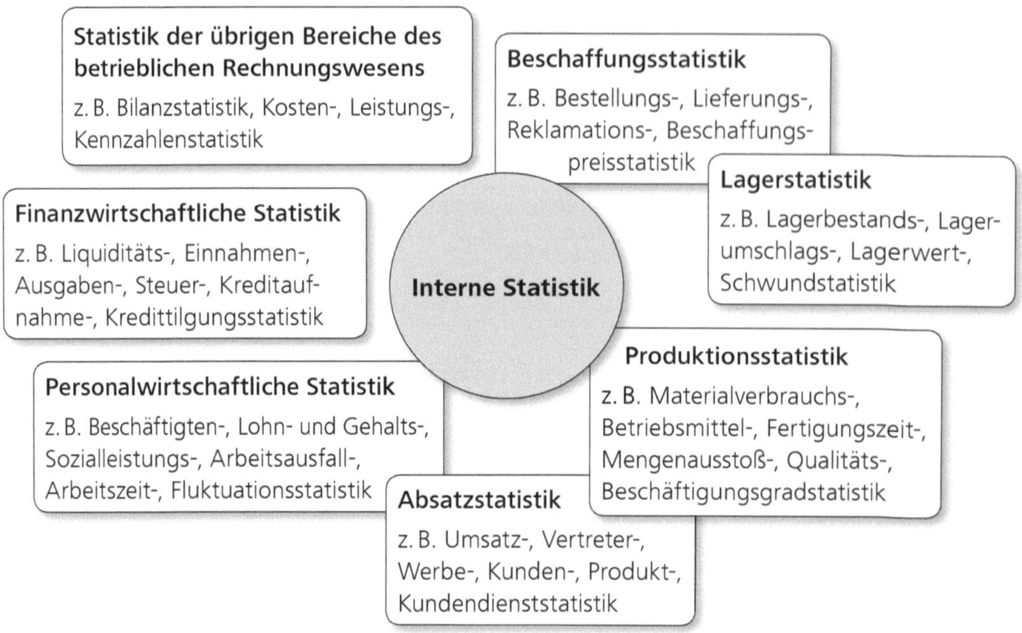

9.2.3 Planungsrechnung

- ⇨ Basis dieser »Vorschaurechnung«: Zahlen der Buchführung, KLR und Statistik
- ⇨ Berechnung der zukünftigen betrieblichen Entwicklung (Sollsituation)
- ⇨ Erstellung von funktionsorientierten Teilplänen, wie z. B. Absatzplan, Beschaffungsplan, Investitionsplan, Beschaffungsplan und Finanzplan
- ⇨ Soll-Ist-Vergleiche vermitteln Erkenntnisse über potenzielle Abweichungen und deren Ursachen

10. Abgrenzungsrechnung

- ⇨ Abgrenzungsrechnung als Bindeglied zwischen dem externen und internen Rechnungswesen

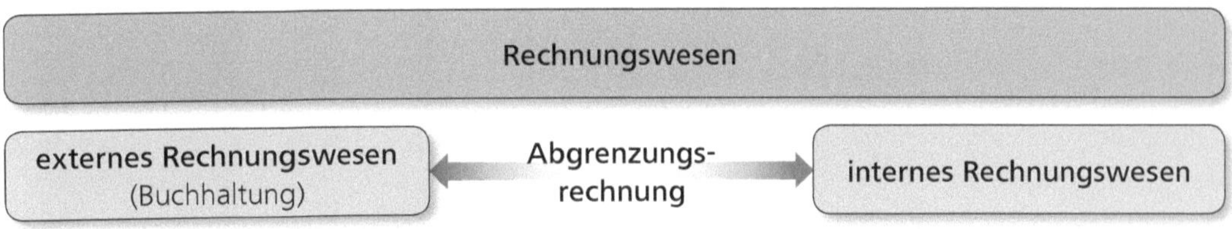

- ⇨ Betriebsergebnisrechnung innerhalb des internen Rechnungswesens (Betriebsergebnis = Leistungen - Kosten)
- ⇨ Gesamtergebnisrechnung innerhalb des externen Rechnungswesens (Gesamtergebnis = Betriebsergebnis + neutrales Ergebnis)

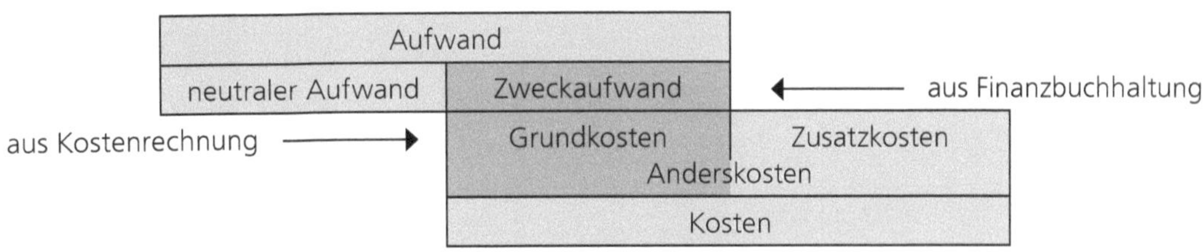

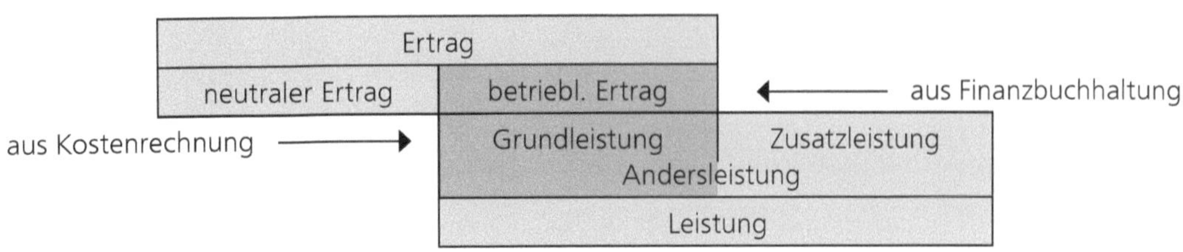

Neutrale Aufwendungen/neutrale Erträge können

- ⇨ betriebsfremd sein (= haben nichts mit dem Kerngeschäft zu tun),
- ⇨ periodenfremd sein (= beziehen sich nicht auf die Abrechnungsperiode),
- ⇨ außergewöhnlich sein (= fallen unregelmäßig an bzw. sind ungewöhnlich hoch).

Beispiel

neutrale Aufwendungen			Zweckaufwand = Grundkosten	Zusatzkosten	Anderskosten
betriebsfremd	**periodenfremd**	**außerordentlich**	Wareneinsatz	kalkulatorische Miete	kalkulatorische Abschreibungen
Verluste aus Wertpapierverkauf	Steuer-nachzahlungen	Brand am Betriebsgebäude	Personalkosten	kalkulatorischer Unternehmerlohn	kalkulatorische Zinsen
Spenden		Totalschaden am Firmenwagen	Betriebskosten		

neutrale Erträge			betriebl. Ertrag = Grundleistung	Zusatzleistung	Andersleistung
betriebsfremd	**periodenfremd**	**außerordentlich**	Umsatzerlöse aus Kerngeschäft	unentgeltliche Abgabe von Leistungen	Bewertungs-unterschiede zw. ext. und int. Rewe
Zinserträge	Steuererstattung	Verkauf eines Betriebsgebäudes	Bestandsverände-rungen (positive)		
Mieterträge			Erlöse aus dem Verkauf von Nebenprodukten		

Aufbau der Abgrenzungsrechnung

Gesamtergebnisrechnung der FB		Abgrenzungsrechnung				Betriebsergebnis-rechnung	
		unternehmensbezogene Abgrenzungen		kostenrechnerische Korrekturen			
Aufwendungen	Erträge	neutrale Aufwendungen	neutrale Erträge	betriebl. Aufwendungen	verrechnete Kosten	Kosten	Leistungen
		Ergebnis aus unternehmens-bezogenen Abgrenzungen		Ergebnis aus kosten-rechnerischen Korrekturen			
Gesamtergebnis =		**neutrales Ergebnis**			**+**	**Betriebsergebnis**	

Anmerkung:
Um die Abgrenzungsrechnung durchzuführen, benötigen Sie folgende Tabelle, die sich aus dem oben gezeigten Grundschema ableitet.

Beispiel Aufbau der Abgrenzungsrechnung

	Gesamtergebnis GuV-Rechnung		Abgrenzungsrechnung				Betriebsergebnis KLR	
			unternehmensbezogen		kostenrechnerische Korrekturen			
Konten-bezeichnung	Aufwendungen	Erträge	neutrale Aufwendungen	neutrale Erträge	betriebliche Aufwendungen	verrechnete Kosten	Kosten	Leistungen
SUMME								
Gesamtergebnis								
neutrales Ergebnis								
Betriebsergebnis								

Die Durchführung der Abgrenzungsrechnung erfolgt in folgenden Schritten:

Durchführung Abgrenzungsrechnung

Schritt 1: Aufwendungen und Erträge erfassen

Schritt 2: Grundkosten und Grundleistungen übertragen

Schritt 3: neutrale Aufwendungen und neutrale Erträge eintragen

Schritt 4: Anderskosten und Zusatzkosten berücksichtigen

Schritt 5: Gesamtergebnis, neutrales Ergebnis und Betriebsergebnis berechnen

11. Abschreibung

⇨ Abschreibungen stellen den Wertverlust von Vermögensgegenständen eines Unternehmens dar.

⇨ Prinzipiell können sowohl das Anlage- als auch das Umlaufvermögen einem Wertverlust unterliegen.

⇨ Dieser Wertverlust wird in der GuV-Rechnung als Aufwand angesetzt.

11.1 Planmäßige Abschreibung

⇨ Bei Vermögensgegenständen des Anlagevermögens, deren Nutzung zeitlich begrenzt ist, sind die Anschaffungs- oder Herstellungskosten (ggf. auch niedrigere Wertansätze) um planmäßige Abschreibungen zu vermindern.

⇨ Planmäßige Abschreibungen sind somit im Voraus festgelegte Abschreibungen. Diese legt man grundsätzlich für abnutzbare Vermögensgegenstände des Anlagevermögens (z. B. Firmenwagen) fest.

11.2 Außerplanmäßige Abschreibung

⇨ tritt neben der planmäßigen Abschreibung auf (zusätzlich)

⇨ Anwendung auf abnutzbares und nicht abnutzbares Anlagevermögen für den Fall einer außerplanmäßigen technischen oder wirtschaftlichen Abnutzung:

- technische Abnutzung: Unfall, Brand, Explosion, nachträgliche Aufdeckung einer Bodenverseuchung etc.
- wirtschaftliche Abnutzung: Entwertung (Preisverfall) aufgrund geänderter Marktbedingungen (z. B. Innovationen, Modewechsel)

11.3 Nutzungsdauer

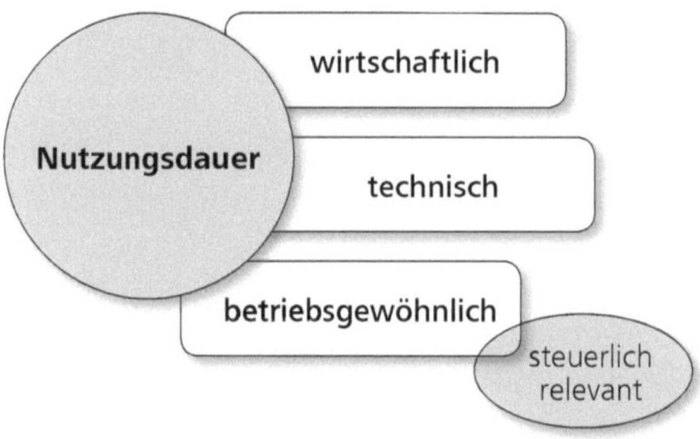

11.4 Abschreibungsarten

⇨ **bilanzielle bzw. steuerrechtliche Abschreibung** (gesetzliche Vorschriften)
  _ Ansatz von Anschaffungs- oder Herstellkosten und betriebsgewöhnlicher Nutzungsdauer gemäß AfA-Tabellen

⇨ **kalkulatorische Abschreibung** (keine gesetzlichen Vorschriften, Abschreibung innerhalb der KLR)
  _ Ansatz von Wiederbeschaffungskosten und wirtschaftlicher bzw. technischer Nutzungsdauer gemäß Erfahrungen

11.5 Abschreibungsverfahren

11.5.1 Lineare Abschreibung

Lineare Abschreibung: Jährliche Abschreibungsbeträge werden durch einfache Division der Anschaffungs- oder Herstellungskosten durch die Anzahl der Jahre, die der betriebsgewöhnlichen Nutzungsdauer (lt. AfA-Tabelle) entsprechen, ermittelt.

$$\text{Abschreibungsbetrag pro Jahr} = \frac{\text{Anschaffungskosten bzw. Herstellkosten - Restwert}}{\text{betriebsgewöhnliche Nutzungsdauer}}$$

Beispiel

⇨ Zu Jahresbeginn wird eine Maschine für 35.000 € (netto) angeschafft, der Restwert am Ende der Nutzungsdauer beträgt 0 €.

⇨ Bei einer betriebsgewöhnlichen Nutzungsdauer von 7 Jahren und der Anwendung der linearen Abschreibung müssen 7 Jahre lang pro Jahr $\frac{1}{7}$ der Anschaffungskosten, also jeweils 5.000 €, als jährliche Abschreibung berechnet werden.

Jahr	Abschreibung	Restbuchwert
0	0 €	35.000 €
1	5.000 €	30.000 €
2	5.000 €	25.000 €
3	5.000 €	20.000 €
4	5.000 €	15.000 €
5	5.000 €	10.000 €
6	5.000 €	5.000 €
7	5.000 €	0 €

11.5.2 Degressive Abschreibung

Degressive Abschreibung: In jedem Jahr wird ein bestimmter Prozentsatz vom Restbuchwert als Abschreibung abgesetzt.

Problem: Der jährliche Abschreibungsbetrag wird immer kleiner und der Vermögensgegenstand ist am Ende der geplanten Nutzungsdauer nicht vollständig abgeschrieben.

Problemlösung: Das Unternehmen wechselt im Laufe der Nutzungsdauer von der degressiven Abschreibung zur linearen Abschreibung.

Im Jahr des Wechsels wird dann der Restbuchwert durch die Zahl der verbleibenden Abschreibungsjahre dividiert, sodass sich ab dem Wechsel gleichbleibende, also lineare Abschreibungsbeträge ergeben.

Im Laufe der Jahre gab es verschiedene gesetzliche Regelungen zur zulässigen Höhe des degressiven Abschreibungssatzes: Zuletzt galt im Rahmen des 2008 verabschiedeten Konjunkturpakets, dass ein Abschreibungssatz von 25 %, höchstens allerdings das Zweieinhalbfache des linearen Abschreibungsbetrags, angesetzt werden durfte. Für Anschaffungen ab 2011 wurde sie wieder abgeschafft, d. h. die degressive Abschreibung ist aktuell keine steuerrechtlich zulässige Abschreibungsmethode mehr (Stand 2013).

Beispiel

- ⇨ Anschaffungskosten Maschine: 35.000 €
- ⇨ Jahr der Anschaffung: 2008
- ⇨ Nutzungsdauer: 7 Jahre
- ⇨ Degressive Abschreibungsrate (25 %): 8.750 €
- ⇨ 2,5-fache lineare Abschreibung: 12.500 €
- ⇨ Absetzbarer Abschreibungsbetrag: 8.750 €

Jahr	Rest-ND	Restbuchwert	AfA 25 %	AfA linear
1	7	35.000,00 €	8.750,00 €	5.000,00 €
2	6	26.250,00 €	6.562,50 €	4.375,00 €
3	5	19.687,50 €	4.921,88 €	3.937,50 €
4	4	14.765,62 €	3.691,41 €*	3.691,41 €*
5	3	11.074,21 €		3.691,41 €
6	2	7.382,80 €		3.691,41 €
7	1	3.691,39 €		3.691,39 €
8	0	0 €		

* *Degressive Abschreibungsrate entspricht linearer Abschreibungsrate, daher Wechsel zur linearen Abschreibung im Folgejahr.*

11.5.3 Leistungsabschreibung

Leistungsabschreibung: In jedem Jahr wird das als Abschreibungsbetrag angesetzt, was im entsprechenden Jahr im Verhältnis zur Gesamtleistung (Summe Leistungseinheiten) verbraucht wurde.

$$\text{Abschreibungsbetrag pro Leistungseinheit} = \frac{\text{Anschaffungskosten bzw. Herstellkosten}}{\text{Summe Leistungseinheiten}}$$

$$\text{Abschreibungsbetrag pro Jahr}$$
$$= \text{Leistungseinheiten pro Jahr} * \text{Abschreibungsbetrag pro Leistungseinheit}$$

Beispiel

- ⇨ Ein neu erworbenes Firmenfahrzeug wird nach der Leistungsabschreibung abgeschrieben.
  - ⇨ geschätzte Gesamtkilometerzahl: 300.000 km
  - ⇨ Anschaffungskosten: 70.000 €
  - ⇨ Abschreibungsbetrag pro Leistungseinheit: $\frac{70.000\text{ €}}{300.000\text{ km}} = 0{,}233\text{ €/km}$
  - ⇨ Abschreibungsbetrag Jahr 1 (bei 75.000 km Leistung): 0,233 €/km * 75.000 km = 17.500 €

12. Leasing

⇨ spezielle Form der Vermietung bzw. Finanzierung von Investitionsgütern (zumeist Betriebsmittel)

⇨ Leasingraten beim Leasingnehmer steuerlich als Betriebsausgaben absetzbar

⇨ indirektes Leasing: Leasingobjekt wird von einer speziellen Leasinggesellschaft vom Hersteller gekauft und dann dem Leasingnehmer übergeben

⇨ direktes Leasing: Leasingobjekt wird direkt vom Hersteller vermietet

⇨ Bestandteile eines Leasingvertrags

_ Mindestmietzeit

_ Vereinbarungen von Verlängerungs- oder Kaufoptionen nach Ablauf der Mindestmietzeit

_ Höhe der Leasingraten

_ Regelungen der Gefahrenübernahme, z. B. bei Defekten oder Entwertung

_ ggf. Wartungs- und Pflegeverträge

12.1 Erscheinungsformen des Leasings

⇨ **Equipment-Leasing:** Vermietung von beweglichen Gegenständen wie Büro-, Werkzeug- oder Baumaschinen

⇨ **Immobilien-Leasing:** Vermietung unbeweglichen Anlagevermögens, z. B. von Gebäuden oder ganzen Industrieanlagen

⇨ **Operate-Leasing:** Leasing mit voller Serviceunterstützung und ggf. Bereitstellung von Personal Maintenance-Leasing: Wartung des Leasingobjekts übernimmt der Leasinggeber

⇨ **Finanzierungs-Leasing:** Wartung bzw. Instandhaltung übernimmt der Leasingnehmer

12.2 Bewertung des Leasings

⇨ **Kostenaspekt:** Die Summe der Leasingraten übersteigen zumeist die Anschaffungskosten des Leasingobjekts (i. d. R. etwa 130 % des Kaufpreises).

⇨ **Rentabilitätsaspekt**: Durch die Leasingraten erfolgt eine relative Zinsersparnis im Vergleich zur sofortigen Zahlung. Da in der Regel das Leasingobjekt beim Leasinggeber bilanziert wird, hat der Leasingnehmer ggf. Steuervorteile, da Leasingraten als Betriebsausgabe steuerlich voll absetzbar sind.

⇨ **Liquiditätsaspekt:** Durch Leasing wird in der Regel die Liquidität des Unternehmens erhöht.

13. Grundbegriffe der KLR

Auszahlung	⟷	Einzahlung
Ausgaben	⟷	Einnahmen
Aufwendungen	⟷	Erträge
Kosten	⟷	Leistungen

13.1 Auszahlungen – Einzahlungen

Bezug: Zahlungsmittelbestand eines Unternehmens
(= Summe aus Kassenbeständen und jederzeit verfügbaren Bankguthaben)

Definition: Einzahlung = jeder Vorgang, bei dem der Zahlungsmittelbestand zunimmt
Auszahlung = jeder Vorgang, der zu einer Abnahme des Zahlungsmittelbestands führt

Beispiele

⇨ Druckerei kauft Material und bezahlt bar = Auszahlung

⇨ Kunde holt Flyer in einer Druckerei ab und bezahlt bar = Einzahlung

13.2 Ausgaben – Einnahmen

Bezug: Geldvermögen eines Unternehmens (= Summe aus Zahlungsmittelbestand + Bestand an sonstigen Forderungen - Bestand an Verbindlichkeiten)

Definition: Einnahme = jeder Vorgang, der zu einer Erhöhung des Geldvermögens führt
Ausgabe = jeder Vorgang, der eine Verminderung des Geldvermögens hervorruft

Beispiele

⇨ Eine Druckerei kauft Bedruckstoffe mit einem Zahlungsziel von 20 Tagen:
Es entstehen Verbindlichkeit und somit Ausgaben.

⇨ Einem Kunden der Druckerei wird ein Zahlungsziel von 20 Tagen gewährt:
Es entstehen Forderungen und somit Einnahmen.

13.3 Gemeinsamkeiten und Unterschiede zwischen »Auszahlungen – Einzahlungen« und »Ausgaben – Einnahmen«

Legende: (+) Erhöhung
(0) keine Änderung
(-) Verringerung

Fall 1: Einzahlung, aber keine Einnahme

Beispiel

Eine Druckerei nimmt einen Barkredit auf (Erhöhung des Zahlungsmittelbestands und gleichzeitige Erhöhung der Verbindlichkeiten, d. h. das Geldvermögen bleibt unverändert).

Geldvermögen (0) =

Summe aus Zahlungsmittelbestand **(+)**
\+ Bestand an sonstigen Forderungen **(0)**
\- Bestand an Verbindlichkeiten **(+)**

Fall 2: Einzahlung = Einnahme

Beispiel

Eine Druckerei verkauft Visitenkarten an einen Kunden, der bar bezahlt (Erhöhung des Zahlungsmittelbestands ohne Auswirkungen auf den Bestand an Forderungen und Verbindlichkeiten, d. h. das Geldvermögen vergrößert sich).

Geldvermögen (+) =

Summe aus Zahlungsmittelbestand **(+)**
\+ Bestand an sonstigen Forderungen **(0)**
\- Bestand an Verbindlichkeiten **(0)**

Fall 3: Einnahmen, aber keine Einzahlungen

Beispiel

Eine Druckerei verkauft Flyer auf Ziel, d. h. per Rechnung (keine Veränderung des Zahlungsmittelbestands, allerdings Erhöhung der Forderungen).

Geldvermögen (+) =

Summe aus Zahlungsmittelbestand **(0)**
\+ Bestand an sonstigen Forderungen **(+)**
\- Bestand an Verbindlichkeiten **(0)**

Fall 4: Auszahlungen, aber keine Ausgaben

Beispiel

Eine Druckerei bezahlt eine noch offene Lieferantenrechnung für die Lieferung von Druckfarbe (Rückgang des Zahlungsmittelbestandes und gleichzeitiger Rückgang der Verbindlichkeiten, d. h. das Geldvermögen bleibt unverändert).

Geldvermögen (0) =

Summe aus Zahlungsmittelbestand **(-)**
\+ Bestand an sonstigen Forderungen **(0)**
\- Bestand an Verbindlichkeiten **(-)**

Fall 5: Auszahlung = Ausgabe

Beispiel

Eine Druckerei kauft Material für 1.000 € in bar (Rückgang des Zahlungsmittelbestandes und somit auch Rückgang des Geldvermögens).

Geldvermögen (-) =

Summe aus Zahlungsmittelbestand **(-)**
\+ Bestand an sonstigen Forderungen **(0)**
\- Bestand an Verbindlichkeiten **(0)**

Fall 6: Ausgaben, aber keine Auszahlungen

Beispiel

Eine Druckerei kauft Material auf Rechnung (Zunahme der Verbindlichkeiten und somit nimmt auch das Geldvermögen ab – bei unverändertem Zahlungsmittelstand).

Geldvermögen (-) =

Summe aus Zahlungsmittelbestand **(0)**
\+ Bestand an sonstigen Forderungen **(0)**
\- Bestand an Verbindlichkeiten **(+)**

13.4 Aufwendungen – Erträge (Begriffe des externen Rechnungswesens, insb. GuV)

Bezug: Gesamtvermögen des Unternehmens

Definition: Aufwand = gesamter Werteverzehr pro Periode
Ertrag = gesamter Wertezuwachs pro Periode

Beispiele

⇨ **Ordentlicher Aufwand:**
kontinuierlich anfallender Werteverzehr zur Erreichung des Betriebszwecks, wie z. B. Lohn- oder Materialaufwand.

⇨ **Ordentlicher Ertrag:**
kontinuierlich anfallender Wertezugang zur Erreichung des Betriebszwecks, wie z. B. Umsatzerlöse.

⇨ **Außerordentlicher Aufwand:**
Werteverzehr aufgrund einmaliger und außergewöhnlicher Vorfälle, wie z. B. nicht versicherter Brandschaden.

⇨ **Außerordentlicher Ertrag:**
Wertezugang aufgrund einmaliger und außergewöhnlicher Vorfälle, wie z. B. Verkauf eines Teilbetriebs.

⇨ **Betriebsfremder Aufwand:**
Werteverzehr, der in keinem Zusammenhang mit dem Betriebszweck steht, wie z. B. eine Spende an eine karitative Einrichtung.

⇨ **Betriebsfremder Ertrag:**
Wertezugang, der in keinem Zusammenhang mit dem Betriebszweck steht, wie z. B. Erträge aus Kapitalvermögen.

13.5 Kosten – Leistungen (Begriffe des internen Rechnungswesens, insb. KLR)

Bezug: Betriebsnotwendiges Vermögen eines Unternehmens

Definition: Kosten = Werteverzehr in einer Periode, der mit der Erstellung sachzielbezogener Leistungen verbunden ist

Leistungen = Wertezugang in einer Periode, der im Zusammenhang mit der ordentlichen Geschäftstätigkeit steht

Beispiele

⇨ Eine Druckerei bezahlt Löhne für die Maschinenführer = Kosten.

⇨ Eine Druckerei erzielt durch die Herstellung von Printprodukten Umsatzerlöse = Leistungen.

14. Aufbau der KLR

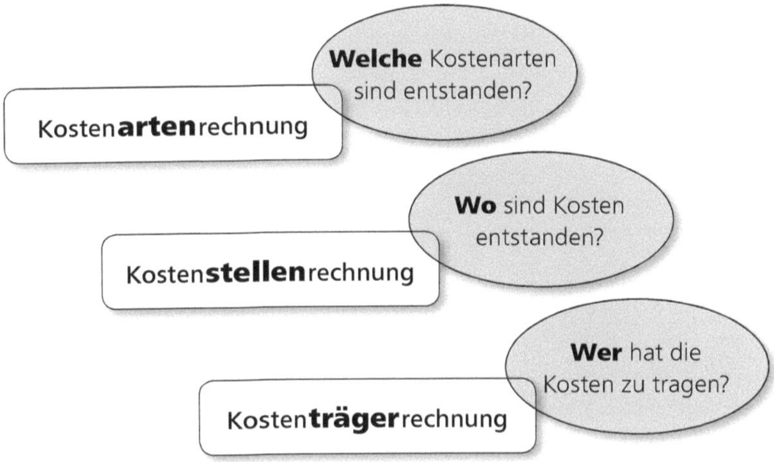

14.1 Kostenartenrechnung

Gliederung der Kosten nach verschiedenen Aspekten

14.1.1 Einzelkosten vs. Gemeinkosten

⇨ Einzelkosten sind einer einzelnen Leistung direkt zurechenbare Kosten.

⇨ Übliche Unterteilung von Einzelkosten:

- Fertigungsmaterial
- Fertigungslöhne
- Sondereinzelkosten (der Fertigung bzw. des Vertriebs)

⇨ Gemeinkosten sind einer einzelnen Leistung nicht direkt zurechenbare Kosten (fallen für das Unternehmen allgemein an)

⇨ Erfassung der Gemeinkosten als Aufwendungen auf bestimmten Konten der Finanzbuchhaltung

⇨ Anschließende Umlage der Gemeinkosten in der Kostenstellenrechnung (Stichwort BAB) und prozentuale Zuordnung auf die Leistungen

⇨ Beispiele: Materialgemeinkosten, Fertigungsgemeinkosten, Maschinenkosten, Verwaltungsgemeinkosten, Vertriebsgemeinkosten

14.1.2 Variable Kosten vs. fixe Kosten

⇨ Variable Kosten sind beschäftigungs**abhängige** Kosten.

⇨ Steigt die Beschäftigung, so führt dies zu einem Anstieg einer bestimmten Kostenart (z. B. Materialkosten) und umgekehrt.

⇨ Fixe Kosten sind beschäftigungs**unabhängige** Kosten (z. B. Kosten für die Miete einer Lagerhalle).

⇨ Fixkosten fallen somit auch dann an, wenn nicht produziert wird.

⇨ Fixkostendegression: Unter der Fixkostendegression versteht man die Abnahme der fixen Stückkosten (k_{fix}) bei steigender Beschäftigung.

14.1.3 Mischkosten

⇨ Mischkosten sind Kosten, die aus fixen Kosten und variablen Bestandteilen bestehen

⇨ Beispiel: Energiekosten (Strom): Grundgebühr (fix) + Verbrauch (variabel)

14.1.4 Sprungfixe Kosten

⇨ Sprungfixe Kosten sind eine Sonderform der fixen Kosten.

⇨ Innerhalb eines Intervalls (bis zur Kapazitätsgrenze) sind sprungfixe Kosten fix.

⇨ Wenn die Kapazitätsgrenze überschritten ist, wachsen sie sprunghaft an und bleiben wieder bis zur Kapazitätsgrenze konstant.

14.1.5 Nutzkosten vs. Leerkosten

⇨ **Nutzkosten:** Teil der fixen Kosten, der auf die genutzte Kapazität entfällt.

⇨ **Leerkosten:** Teil der fixen Kosten, der auf die nichtgenutzte Kapazität entfällt.

Bei einem Beschäftigungsgrad von 100 % sind sämtliche Fixkosten Nutzkosten, bei einem Beschäftigungsgrad von 80 % sind 80 % Nutzkosten und 20 % Leerkosten.

Gesamtkosten (K) = Fixkosten (K_f) + variable Kosten (K_v)

Variable Kosten (K_v) = variable Stückkosten (k_v) * Menge (x) *oder*

Variable Kosten (K_v) = Gesamtkosten (K) - Fixkosten (K_f)

14.1.6 Überblick über kalkulatorische Kostenarten

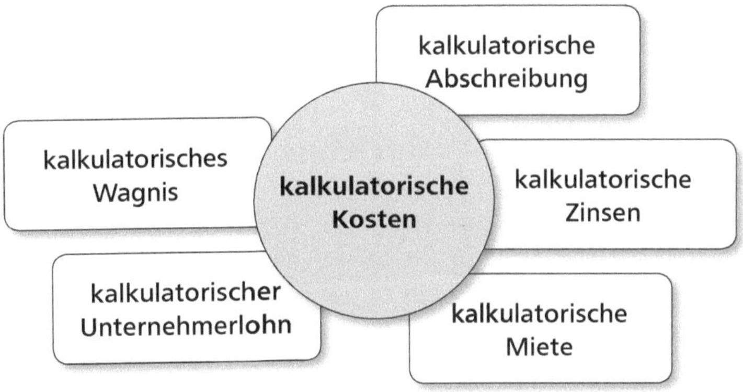

Kalkulatorische Abschreibung (Anderskosten)

$$\text{Abschreibungsbetrag pro Jahr} = \frac{\text{Wiederbeschaffungskosten - Restwert}}{\text{wirtschaftliche bzw. technische Nutzungsdauer}}$$

Kalkulatorische Zinsen (Anderskosten)

Kalkulatorische Zinsen = ½ betriebsnotwendiges Kapital * Kalkulationszinsfuß (i)

i = Kalkulationszinsfuß (langfristiger Zinssatz für risikofreie Anlagen)

Kalkulatorische Miete (Zusatzkosten)

⇨ Ansatz nur bei Einzelunternehmen oder Personengesellschaften (bei eigenen Räumlichkeiten), da der Unternehmer sich selbst keine Miete für die Nutzung der Betriebsräume zahlen darf

⇨ Die kalkulatorische Miete orientiert sich am Mietspiegel in der jeweiligen Region.

⇨ Es wird eine marktüblichen Miete je m^2 für die Fläche der betrieblich genutzten eigenen Räumlichkeiten angesetzt.

Kalkulatorischer Unternehmerlohn (Zusatzkosten)

⇨ Ansatz nur bei Einzelunternehmen oder Personengesellschaften erforderlich.

⇨ Erfassung des Entgelts für die leitende Tätigkeit des Unternehmers, da bei Kapitalgesellschaften das Geschäftsführergehalt als Aufwand steuerlich ansetzbar ist (Gehälter wirken gewinnmindernd) und bei Einzelunternehmen oder Personengesellschaften der Unternehmer ausschließlich vom Gewinn lebt und somit für die leitende Tätigkeit kein gesondertes Entgelt erhält.

⇨ Die Höhe des kalkulatorischen Unternehmerlohns orientiert am Gehalt eines vergleichbar angestellten Geschäftsführers in der jeweiligen Branche.

Kalkulatorisches Wagnis (Zusatzkosten)

⇨ Speziellen Wagnisarten (z. B. Beständewagnis, Forderungswagnis) im Rahmen der betrieblichen Leistungserstellung werden berücksichtigt.

⇨ In der Praxis: Bildung von Durchschnittswerten über mehrere Perioden hinweg, damit eine solide Kalkulationsbasis vorhanden ist.

⇨ Das allgemeine Unternehmerwagnis betrifft das Unternehmen als Ganzes. Es ist auf lange Sicht nicht kalkulierbar und wird daher vollständig aus dem erwirtschafteten Gewinn abgegolten.

$$\text{kalkulatorische Wagnisse} = (\text{Bezugsbasis des laufenden Jahres} * \text{kalk. Wagnissatz in \%})$$

$$\text{kalk. Wagnissatz in \%} = \frac{\text{Ausfall € pro Periode}}{\text{Bezugsgröße}} * 100$$

Überblick über ausgewählte Wagnisarten

Wagnisart	Beispiel	Bezugsgröße
Beständewagnis	Schwund, Überalterung der Vorräte (Ladenhüter), Verderb	Wert des durchschnittlichen Lagerbestands
Fertigungswagnis	Ausschuss, Nacharbeit, Material-, Konstruktionsfehler	Herstellungskosten der Erzeugnisse
Anlagenwagnis	Fehlinvestition, Maschinenbruch, vorzeitiges Nutzungsende der Anlage	Wert des Anlagevermögens (Anschaffungs- oder Wiederbeschaffungswert)
Vertriebswagnis	Nichtannahme bestellter Ware, Forderungsausfälle, Währungsverluste	Forderungsbestand ohne Umsatz
Gewährleistungswagnis	Garantie-, Kulanzverpflichtungen, Vertragsstrafen, Preisnachlässe	Umsatz oder Herstellungskosten der verkauften Produkte
Entwicklungswagnis	fehlgeschlagene Entwicklungsprojekte	Entwicklungskosten der Periode

Beispiel

⇨ In den letzten drei Jahren betrug der Schwund an Rohstoffen (Beständewagnis) 6.000 €. Im gleichen Zeitraum betrug der Wert des durchschnittlichen Lagerbestandes 120.000 €. Somit beträgt der kalk. Wagnissatz 5 % $\left(= \frac{6.000 €}{120.000 €} * 100\right)$.

⇨ In der laufenden Abrechnungsperiode werden nun die kalkulatorischen Wagnisse aus der Multiplikation des kalk. Wagnissatzes mit der Bezugsbasis des laufenden Jahres ermittelt:

- Wert der Rohstoffe des laufenden Jahres: 150.000 €
- kalkulatorischer Wagnissatz: 5 %
- kalkulatorische Wagnisse: 150.000 € * 5 % = 7.500 €

14.1.7 Grafische Darstellung von Kostenverläufen

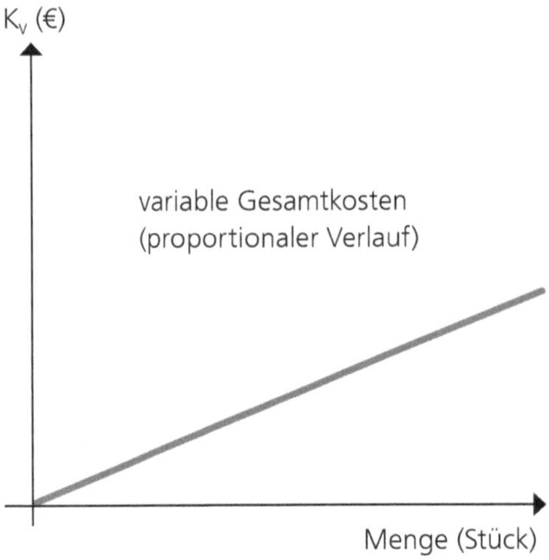

Variable Gesamtkosten bei proportionalem Verlauf

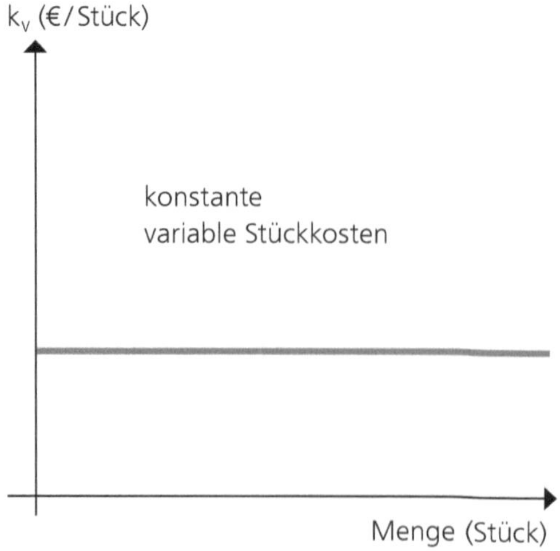

Variable Stückkosten bei proportionalem Verlauf

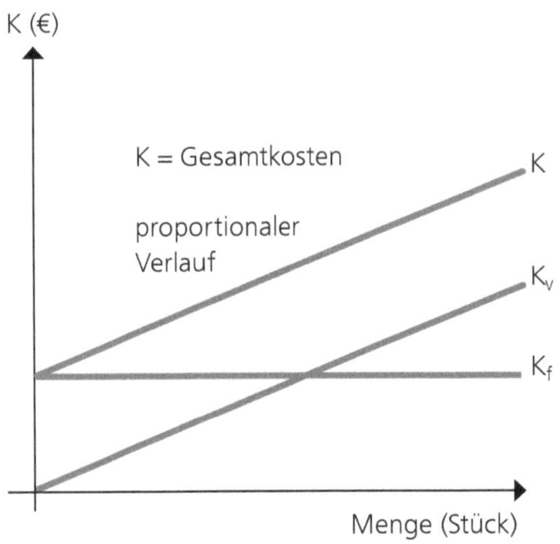

Gesamtkosten, Fixkosten und variable Kosten *(bei proportionalem Verlauf der variablen Kosten)*

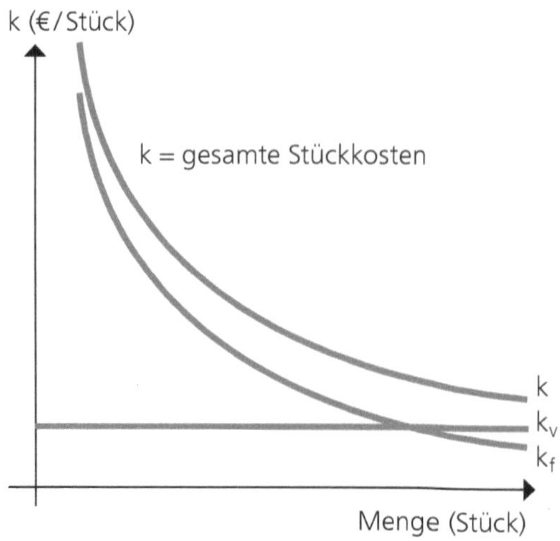

Gesamtstückkosten, fixe Stückkosten und variable Stückkosten *(bei proportionalem Verlauf der variablen Kosten)*

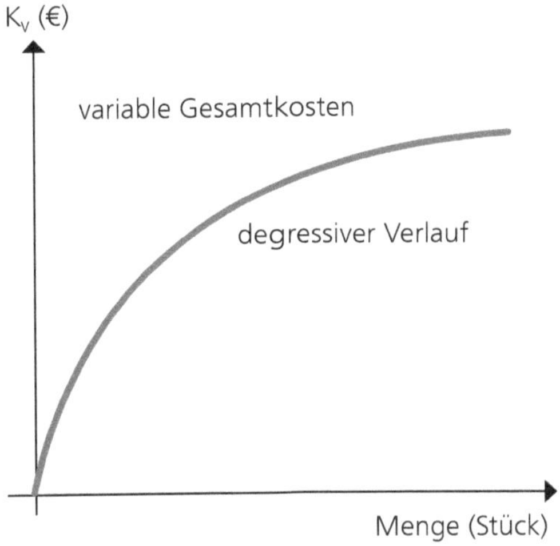

Variable Gesamtkosten bei degressivem Verlauf

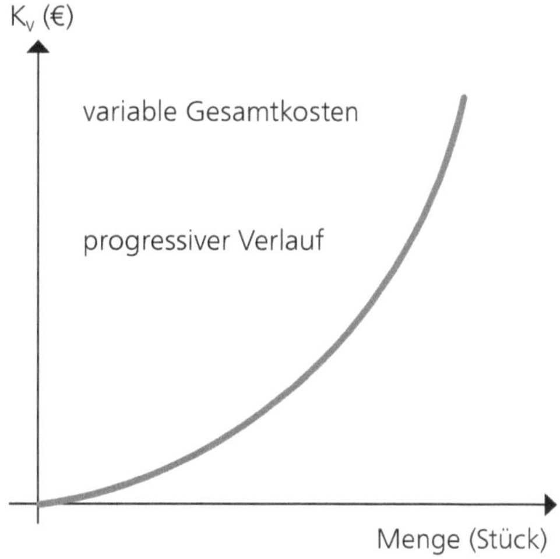

Variable Gesamtkosten bei progressivem Verlauf

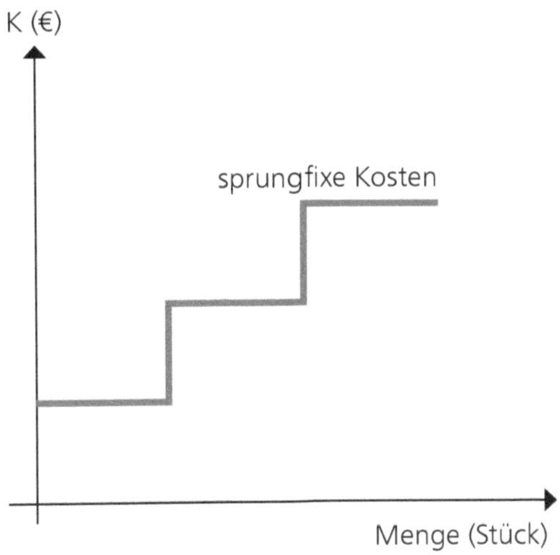

Sprungfixe Kosten

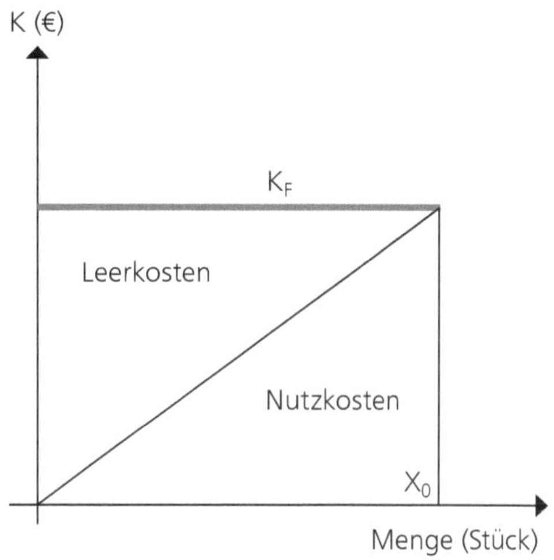

Nutzkosten und Leerkosten

14.2 Kostenstellenrechnung

- ⇨ Kostenstelle: rechnungstechnisch abgegrenzter betrieblicher Teilbereich (z. B. Abteilung, aber auch Arbeitsplatz), in dem Kosten entstehen und dem Kosten zugeordnet werden können.
- ⇨ Verursachungsgerechte Verteilung der innerhalb der Kostenartenrechnung erfassten Einzel- und Gemeinkosten auf die betrieblichen Teilbereiche
- ⇨ Zentrales Instrument der Kostenstellenrechnung ist der Betriebsabrechnungsbogen (BAB)

14.2.1 Gliederungsmöglichkeiten von Kostenstellen

Gliederungsmöglichkeiten von Kostenstellen

- **nach Verantwortungsbereichen**
- **nach Funktionsbereichen**
  - Materialstellen
  - Fertigungsstellen
  - Vertriebsstellen
  - Verwaltungsstellen
- **nach leistungs- bzw. produktionstechnischen Aspekten**
  - Hauptkostenstellen
  - Nebenkostenstellen
  - Hilfskostenstellen
- **nach Verrechnungsaspekten**
  - Vorkostenstellen
  - Endkostenstellen

Gliederung von Kostenstellen nach leistungs- bzw. produktionstechnischen Aspekten

Hauptkostenstellen

Sie bilden organisch das eigentliche Leistungsprogramm (Hauptprodukte) ab.

Leistungen werden in den Markt abgegeben.

Z. B. Fertigungsabteilung, in der eine Endmontage erfolgt

Nebenkostenstellen

Nebenkostenstellen sind Kostenstellen, die keine Haupt-, sondern Nebenprodukte fertigen.

Z. B. Verarbeitung von Abfallstoffen zu Nebenprodukten

Hilfskostenstellen

allgemeine Kostenstellen

Allgemeine Kostenstellen erbringen innerbetriebliche Leistungen für alle Betriebsbereiche.

Z. B. Energieerzeugung, Betriebsfeuerwehr oder Kantine

Fertigungshilfsstellen

Fertigungshilfsstellen übernehmen Hilfsfunktionen für die Fertigung der Kostenträger.

Z. B. Reparaturwerkstatt oder Arbeitsvorbereitung

Gliederung von Kostenstellen nach Verrechnungsaspekten

Vorkostenstellen (= Hilfskostenstellen)		**Endkostenstellen** (i. d. R. Hauptkostenstellen)
allgemeine Kostenstellen	**Fertigungshilfsstellen**	Kostenstellen, auf die in der innerbetrieblichen Leistungsverrechnung gesammelte Beträge nicht auf weitere Kostenstellen verrechnet, sondern in die Kalkulation übernommen werden.
Sie erbringen innerbetriebliche Leistungen für alle Betriebsbereiche. Z. B. Energieerzeugung, Betriebsfeuerwehr oder Kantine	Sie übernehmen Hilfsfunktionen für die Fertigung der Kostenträger. Z. B. Reparaturwerkstatt oder Arbeitsvorbereitung	Z. B. Materialkostenstelle, Fertigung, Verwaltung, Vertrieb

Die Kosten von Vorkostenstellen werden im Rahmen der Betriebsabrechnung anderen Hilfs- oder Endkostenstellen belastet (innerbetriebliche Leistungsverrechnung).

Sammelkostenstellen

In Sammelkostenstellen werden unregelmäßig anfallende Gemeinkosten (z. B. Reparaturleistungen) erfasst. Es wird in der laufenden Kostenrechnung mit Standard- bzw. Normalwerten gerechnet, um periodische Verzerrungen des Kostenbilds zu vermeiden. Denn Reparaturen der Vorperiode treten in der Planung nicht in identischer Höhe an allen Kostenstellen im nächsten Jahr wieder erneut auf. Deshalb sind »Circa-Beträge« für alle Kostenstellen als Planvorgabe festzulegen.

14.2.2 Aufbau und Aufgaben eines Betriebsabrechnungsbogens (BAB)

Kostenarten / Kostenstellen	Hilfskostenstellen	Hauptkostenstellen
primäre Gemeinkosten	1. Verteilung der primären Gemeinkosten auf die Kostenstellen nach dem Verursacherprinzip	
sekundäre Gemeinkosten	2. Durchführung der innerbetrieblichen Leistungsverrechnung	
	3. Bildung von Kalkulationssätzen für die Hauptkostenstellen	
	4. Kostenkontrolle in der Normalkostenrechnung bzw. Plankostenrechnung (Ermittlung von Über- und Unterdeckung)	

- ⇨ **Primäre Gemeinkosten:** Sie entstehen in den jeweiligen Kostenstellen und verbleiben dort auch, d. h. es erfolgt keine Umlage auf andere Kostenstellen (keine innerbetriebliche Leistungsverrechnung).
- ⇨ **Sekundäre Gemeinkosten:** Gemeinkosten innerbetrieblicher Leistungen (Hilfs- oder Nebenkostenstellen), die durch die innerbetriebliche Leistungsverrechnung auf die Hauptkostenstellen umgelegt werden.

Beispiel eines Betriebsabrechnungsbogens

	Spalten	1	2	3	4	5	6	7	8	9
	Kostenstellen	Zahlen aus der Kostenarten-rechnung	Hilfskostenstellen			Hauptkostenstellen				
	Kostenarten		allgemeine Hilfskostenstellen		Fertigungs-hilfsstellen	Material-stellen	Fertigungshauptstellen		Verwal-tungsstellen	Vertriebs-stellen
	I. Erfassung der primären Kostenarten									
1	Gemeinkostenlöhne	4.000	400	500	1.000	800	200	200	600	300
2	Gehälter	5.700	400	300	300	1.200	500	300	2.500	200
3	gesetztliche Sozialleistungen	1.150	80	80	130	200	70	50	310	230
4	Gemeinkosten-material	3.000	400	200	400	200	500	600	400	300
5	Instandhaltung	250	10	20	40	20	60	70	20	10
6	Fremdstrom	180	20	10	20	20	40	40	20	10
7	Miete	400	20	30	30	40	60	50	100	70
8	Versicherung	140	10	10	20	10	30	40	10	10
9	kalk. Abschrei-bungen	500	30	50	60	60	100	110	50	40
10	kalk. Zinsen	130	10	20	20	10	30	20	10	10
11	Summe der primä-ren Kostenarten	15.450	1.380	1.220	2.020	2.560	1.590	1.480	4.020	1.180
	II. Durchführung der innerbetrieblichen Leistungsverrechnung									
12	Umlage Stelle I		1.380							
13			→	100	300	400	200	200	100	80
14	Umlage Stelle II			1.320						
15				→	200	300	200	220	300	100
16	Zwischensumme	15.450	0	0	2.520	3.260	1.990	1.900	4.420	1.360
17					2.520					
18					→	→	1.500	1.020		
19	Gesamt-gemeinkosten	15.450			0	3.260	3.490	2.920	4.420	1.360
	III. Bildung von Kalkulationssätzen									
20	Materialeinzel-kosten					20.000				
21	Fertigungslöhne						3.000	5.000		
22	Herstellkosten der Erzeugung								37.670	37.670
23	Ist-Zuschlagssätze					16,30 %	116,33 %	58,40 %	11,73 %	3,61 %
	IV. Kostenkontrolle									
24	Soll-Zuschlagssätze					15,00 %	120,00 %	55,00 %	10,00 %	5,00 %
25	Über-/Unterdeckung					-1,30 %	3,67 %	-3,40 %	-1,73 %	1,39 %

Anmerkungen:

⇨ *Die Fertigungslöhne und die Materialeinzelkosten sind Einzelkosten und werden nicht innerhalb des BABs bestimmt, sondern stammen aus der Buchhaltung und werden in den BAB übertragen, um die jeweiligen Kalkulationssätze bilden zu können.*

⇨ *Die innerbetriebliche Leistungsverrechnung erfolgt in diesem Beispiel nach dem sog. Stufenleiterverfahren. Beim Stufenleiterverfahren erfolgt eine Verrechnung unter den Hilfskostenstellen. Die innerbetriebliche Leistungsverrechnung der Hilfskostenstellen läuft dabei allerdings nur in eine Richtung (von links nach rechts). Es gibt somit keine Rückrechnung. Die Anordnung der Hilfskostenstellen muss daher entsprechend den Leistungsbeziehungen der Hilfskostenstellen untereinander vorgenommen werden, d. h. die Hilfskostenstellen müssen so angeordnet werden, dass die »Reihe« der Kostenstellen mit den Stellen beginnt, die überwiegend oder ausschließlich innerbetriebliche Leistungen abgeben und nur in geringem oder keinem Maße Leistungen empfangen.*

Kalkulationssätze für die Hauptkostenstellen

1. Materialgemeinkosten-Zuschlagssatz (MGK-Zuschlagssatz)

Allgemein: $$\text{MGK-Zuschlag} = \frac{\text{Materialgemeinkosten}}{\text{Materialeinzelkosten}} * 100$$

Beispiel-BAB: $$\text{MGK-Zuschlag} = \frac{3.260\ €}{20.000\ €} * 100 = 16{,}30\,\%$$

2. Fertigungsgemeinkosten-Zuschlagssatz (FGK-Zuschlagssatz)

Allgemein: $$\text{FGK-Zuschlag} = \frac{\text{Fertigungsgemeinkosten}}{\text{Fertigungslöhne}} * 100$$

Beispiel-BAB: $$\text{FGK-Zuschlag 1} = \frac{3.490\ €}{3.000\ €} * 100 = 116{,}33\,\%$$

$$\text{FGK-Zuschlag 2} = \frac{2.920\ €}{5.000\ €} * 100 = 58{,}40\,\%$$

3. Verwaltungsgemeinkosten-Zuschlagssatz (VwGK-Zuschlagssatz)

Allgemein: $$\text{VwGK-Zuschlag} = \frac{\text{Verwaltungsgemeinkosten}}{\text{Herstellkosten}} * 100$$

Beispiel-BAB: $$\text{VwGK-Zuschlag} = \frac{4.420\ €}{37.670\ €} * 100 = 11{,}73\,\%$$

4. Vertriebsgemeinkosten-Zuschlagssatz (VtGK-Zuschlagssatz)

Allgemein: $$\text{VtGK-Zuschlag} = \frac{\text{Vertriebsgemeinkosten}}{\text{Herstellkosten}} * 100$$

Beispiel-BAB: $$\text{VtGK-Zuschlag} = \frac{1.360\ €}{37.670\ €} * 100 = 3{,}61\,\%$$

Kalkulationsschema für die Errechnung der Herstellkosten (allgemein)

	Materialeinzelkosten
+	Materialgemeinkosten
+	Fertigungseinzelkosten (Fertigungslöhne)
+	Fertigungsgemeinkosten
=	**Herstellkosten der Erzeugung**
-	Bestandsmehrung
+	Bestandsminderung
=	**Herstellkosten des Umsatzes**

Berechnung der Herstellkosten (Beispiel BAB)

	Materialeinzelkosten:	20.000 €
+	Materialgemeinkosten:	3.260 €
+	Fertigungslöhne Stelle 1:	3.000 €
+	Fertigungsgemeinkosten Stelle 1:	3.490 €
+	Fertigungslöhne Stelle 2:	5.000 €
+	Fertigungsgemeinkosten Stelle 2:	2.920 €
=	**Herstellkosten der Erzeugung:**	**37.670 €**

14.3 Kostenträgerrechnung

⇨ Kostenträger = Produkte und Dienstleistungen eines Unternehmens

Bereiche der Kostenträgerrechnung

Kostenträgerzeitrechnung	Kostenträgerstückrechnung
Erfolgsrechnung *Wie viel Kosten haben die Produkte innerhalb einer Periode verursacht?* *Wie hoch ist der Periodenerfolg? (Leistungen - Kosten)*	**Kalkulation** *Für welche Produkte sind welche Kosten entstanden?*

14.4 Kostenträgerblatt als Hilfsmittel der Kostenträgerzeitrechnung

⇨ nach Kostenträgern durchgeführte Herstellkosten-, Selbstkosten- und Ergebnisrechnung

⇨ Beurteilung der Ertragskraft der einzelnen Produkte

⇨ Aufbau: senkrechte Gliederung nach dem Schema der Zuschlagskalkulation und waagerechte Gliederung nach den einzelnen Kostenträgern

⇨ Erfassung der Einzelkosten je Kostenträger und anteilige Zurechnung der Gemeinkosten (mittels der im BAB ausgewiesenen Zuschlagssätze)

⇨ Kostenträgerblatt als Ergebnisrechnung: Differenz zwischen Umsatzerlösen und Selbstkosten des Umsatzes = Betriebsergebnis (insgesamt bzw. pro Kostenträger)

Beispiel: Kostenträgerblatt

Kostenträgerblatt auf Istkostenbasis				
Kalkulationsschema	gesamte Istkosten	Kostenträger Produkt A	Produkt B	Produkt C
Fertigungsmaterial	2.940.000 €	1.225.000 €	750.000 €	965.000 €
+ MGK-Zuschlag (10,5 %)	308.700 €	128.625 €	78.750 €	101.325 €
Materialkosten	**3.248.700 €**	**1.353.625 €**	**828.750 €**	**1.066.325 €**
Fertigungslöhne FHS I	735.000 €	321.500 €	191.400 €	222.100 €
+ FGK-Zuschlag I (112,9 %)	829.815 €	362.974 €	216.091 €	250.751 €
Fertigungskosten Fertigungsstelle I	**1.564.815 €**	**684.474 €**	**407.491 €**	**472.851 €**
Fertigungslöhne FHS II	525.000 €	229.700 €	136.700 €	158.600 €
+ FGK-Zuschlag II (112,4 %)	590.100 €	258.183 €	153.651 €	178.266 €
Fertigungskosten Fertigungsstelle II	**1.115.100 €**	**487.883 €**	**290.351 €**	**336.866 €**
Fertigungslöhne FHS III	630.000 €	275.600 €	164.100 €	190.300 €
+ FGK-Zuschlag III (98,4 %)	619.920 €	271.190 €	161.474 €	187.255 €
Fertigungskosten Fertigungsstelle III	**1.249.920 €**	**546.790 €**	**325.574 €**	**377.555 €**
Fertigungslöhne FHS IV	510.000 €	223.200 €	132.800 €	154.000 €
+ FGK-Zuschlag IV (100 %)	510.000 €	223.200 €	132.800 €	154.000 €
Fertigungskosten Fertigungsstelle IV	**1.020.000 €**	**446.400 €**	**265.600 €**	**308.000 €**
Herstellkosten der Erzeugung	**8.198.535 €**	**3.519.172 €**	**2.117.766 €**	**2.561.598 €**
- Mehrbestand an Fertigerzeugnissen	240.000 €	84.785 €	18.150 €	137.065 €
Herstellkosten des Umsatzes	**7.958.535 €**	**3.434.387 €**	**2.099.616 €**	**2.424.533 €**
+ VwGK (13,3 %)	1.058.485 €	456.773 €	279.249 €	322.463 €
+ VtGK (5,5 %)	437.719 €	188.891 €	115.479 €	133.349 €
Selbstkosten des Umsatzes	**9.454.740 €**	**4.080.051 €**	**2.494.344 €**	**2.880.345 €**
Umsatzerlöse	10.520.000 €	4.696.820 €	2.384.460 €	3.438.720 €
Betriebsergebnis	1.065.260 €	616.769 €	-109.884 €	558.375 €

Anmerkung:

Im Beispiel zeigen sich Unterschiede im Erfolg: Produkt A und Produkt C erzielen hohe positive Betriebsergebnisse, bei Produkt B hingegen ist ein negatives Betriebsergebnis von - 109.884 € eingetreten.

14.5 Zusammenhang sämtlicher Teilbereiche der KLR

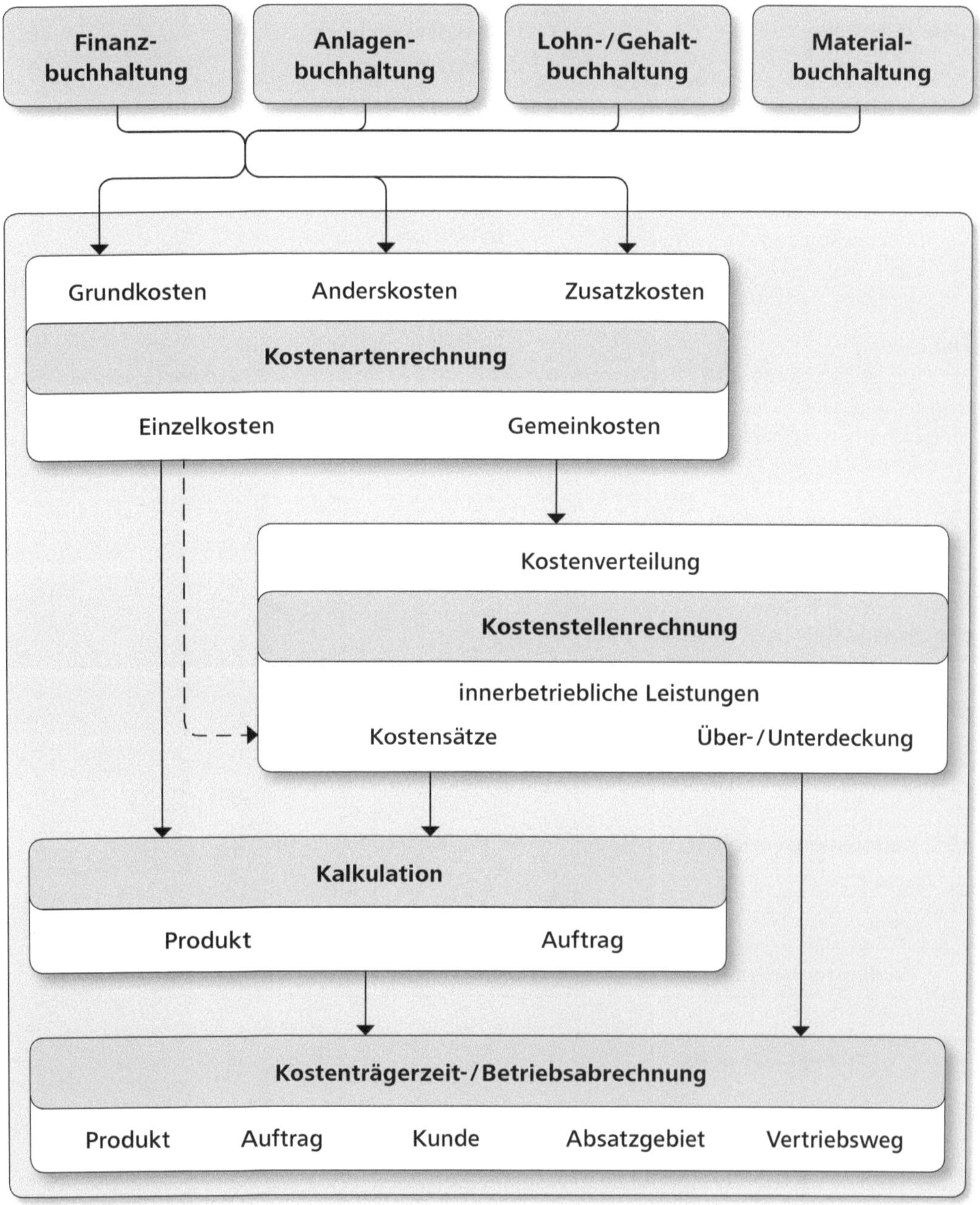

15. Überblick über ausgewählte Kalkulationsverfahren

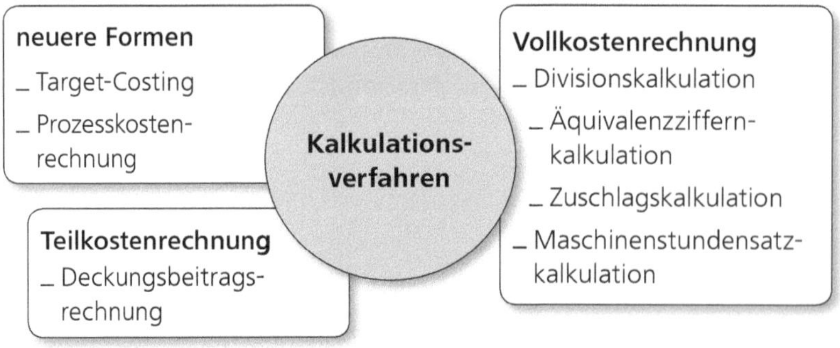

Anmerkung:
Die Wahl des (richtigen) Kalkulationsverfahrens ist keine Geschmacksfrage, sondern es müssen bestimmte organisatorische und fertigungstechnische Rahmenbedingungen gegeben sein, damit ein bestimmtes Verfahren zum Einsatz kommt.

15.1 Kalkulationsphasen

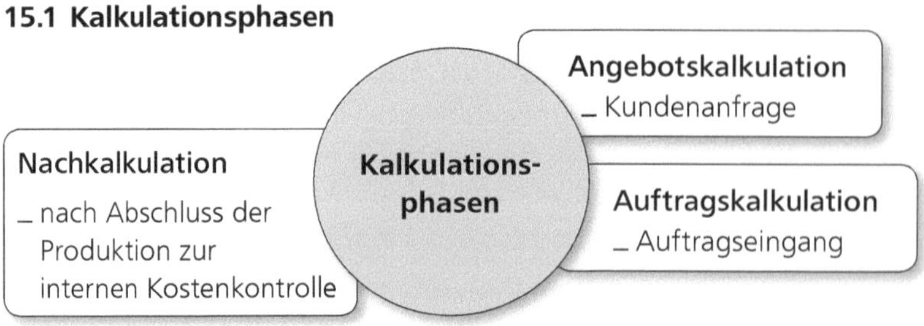

15.2 Kalkulationsverfahren in Abhängigkeit der Kostenübertragung

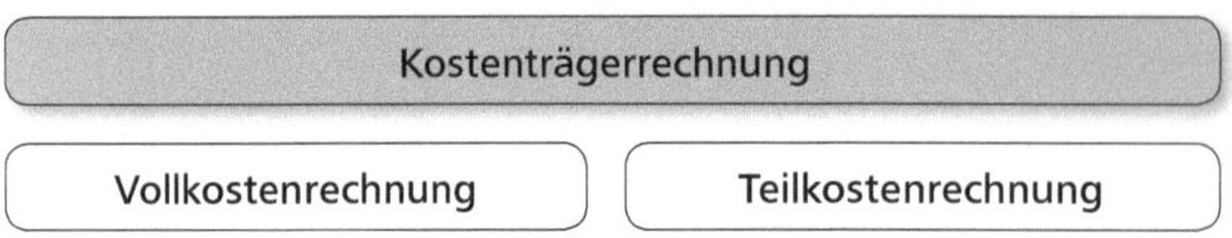

15.2.1 Vollkostenrechnung

- ⇨ Den einzelnen Kostenträgern werden sämtliche angefallene Kosten (»volle« Kosten) übertragen (z. B. Einzel- und Gemeinkosten).
- ⇨ Einzelkosten sind dem Kostenträger (z. B. Druckpapier) direkt zuzurechnen.
- ⇨ Gemeinkosten (z. B. Maschinenkosten, Verwaltungs- und Vertriebskosten) sind indirekte Kosten und können nur über Zuschlagssätze (z. B. Maschinenstundensätze, Vertriebsgemeinkosten-zuschlagssätze) dem Kostenträger zugerechnet werden.

15.2.2 Teilkostenrechnung

⇨ Den einzelnen Kostenträgern werden jeweils nur Teile der Gesamtkosten übertragen (z. B. variable Kosten).

⇨ Auf eine Schlüsselung der Gemeinkosten (z. B. in Form von Zuschlagssätzen) bzw. auf eine Berücksichtigung der stückfixen Kosten wird in der Regel vollkommen verzichtet.

⇨ Teilkostenrechnungssysteme lassen sich besser zur Fundierung und Kontrolle von kurzfristigen Entscheidungen heranziehen, da kurzfristig nur die variablen Kosten entscheidungsrelevant sind.

15.3 Divisionskalkulation

Rahmenbedingungen:

1. Massenfertigung
2. Einproduktunternehmen
3. Einstufige Fertigung
4. Keine Kostenstellenrechnung erforderlich
5. Keine Aufteilung in Einzel- und Gemeinkosten

Einstufige Divisionskalkulation

$$\textbf{Selbstkosten pro Mengeneinheit} = \frac{\textbf{Gesamtkosten der Periode}}{\textbf{Gesamtmenge der Periode}}$$

Annahme: produzierte Menge = abgesetzte Menge, d. h. keine Lagerhaltung

Zweistufige Divisionskalkulation

$$\textbf{Selbstkosten pro Mengeneinheit} = \frac{\textbf{Herstellkosten der Periode}}{\textbf{produzierte Menge der Periode}} + \frac{\textbf{Verwaltungs- und Vertriebskosten der Periode}}{\textbf{abgesetzte Menge der Periode}}$$

Annahme: produzierte Menge ≠ abgesetzte Menge, d. h. Lagerhaltung

15.4 Äquivalenzziffernkalkulation

Rahmenbedingungen:

⇨ Sonderfall der Divisionskalkulation

⇨ Sortenfertigung (mit den gleichen Betriebsmitteln werden mehrere artverwandte Produkte gefertigt, wie z. B. Bleche, Drähte oder Papiere in verschiedenen Stärken)

Äquivalenzziffern = Gewichtungsziffern, mit deren Hilfe artverwandte Produkte auf ein »Einheitsprodukt« umgerechnet werden, um eine einheitliche Bezugsbasis zur Verrechnung von Kosten zu gewinnen.

Anmerkung: *In Prüfungsaufgaben sind die Äquivalenzziffern entweder vorgegeben oder im Text stehen Angaben, aus denen man die Äquivalenzziffern errechnen kann.*

Beispiel

Ein Betrieb stellt drei Sorten von Lösungsmitteln her. Die **Einzelkosten** pro Liter der jeweiligen Sorten betragen:

⇨ Sorte A: 1,50 € pro Liter

⇨ Sorte B: 2,00 € pro Liter

⇨ Sorte C: 2,50 € pro Liter

Von der **Sorte A** werden 6.000 Liter, von der **Sorte B** 2.400 Liter und von der **Sorte C** 2.000 Liter hergestellt.

Gesucht sind die **Selbstkosten** pro Liter von jeder Sorte.

Die **Gemeinkosten** in Höhe von insgesamt 40.000 € sollen mithilfe von **Äquivalenzziffern** den einzelnen Sorten zugerechnet werden.

Der Betrieb weiß, dass die Sorte B 30 % weniger und die Sorte C 30 % mehr Gemeinkosten verursacht als die Sorte A.

Somit lassen sich folgende Äquivalenzziffern ableiten:

⇨ Sorte A: 1,0 (Referenzwert)

⇨ Sorte B: 0,7 (30 % weniger als A)

⇨ Sorte C: 1,3 (30 % mehr als A)

Schritt 1: Übertragen der Informationen in die Kalkulationstabelle

Sorte Lösungs-mittel	geplante Absatz-menge [Liter]	Äquivalenz-ziffer	äquivalente Rechnungs-einheiten	Selbstkosten [€ pro Stk.]	Einzelkosten [€ pro Stk.]	Einzelkosten [€]	Gemein-kosten [€]	Selbstkosten [€]
A	6.000	1			1,50 €			
B	2.400	0,7			2,00 €			
C	2.000	1,3			2,50 €			
SUMME							40.000,00 €	
		1 RE						

Schritt 2: Die Multiplikation der geplanten Absatzmenge je Produktgruppe mit der Äquivalenzziffer ergibt die äquivalente Rechnungseinheit je Sorte (= Umrechnung der Mengen auf die Einheitssorte).

Sorte Lösungs-mittel	geplante Absatz-menge [Liter]	Äquivalenz-ziffer	äquivalente Rechnungs-einheiten	Selbstkosten [€ pro Stk.]	Einzelkosten [€ pro Stk.]	Einzelkosten [€]	Gemein-kosten [€]	Selbstkosten [€]
A	6.000	1	6.000		1,50 €			
B	2.400	0,7	1.680		2,00 €			
C	2.000	1,3	2.600		2,50 €			
SUMME			10.280				40.000,00 €	
		1 RE						

Schritt 3: Die Division der Gemeinkosten durch die Summe der äquivalenten Rechnungseinheiten ergibt die Selbstkosten einer Einheit der Einheitssorte (1 RE)

Sorte Lösungs-mittel	geplante Absatz-menge [Liter]	Äquivalenz-ziffer	äquivalente Rechnungs-einheiten	Selbstkosten [€ pro Stk.]	Einzelkosten [€ pro Stk.]	Einzelkosten [€]	Gemein-kosten [€]	Selbstkosten [€]
A	6.000	1	6.000		1,50 €			
B	2.400	0,7	1.680		2,00 €			
C	2.000	1,3	2.600		2,50 €			
SUMME			10.280				40.000,00 €	
		1 RE	3,89105 €					

Schritt 4: Berechnung der Gemeinkosten der einzelnen Sorten (durch Multiplikation von 1 RE mit den äquivalenten Rechnungseinheiten je Sorte

Sorte Lösungs-mittel	geplante Absatz-menge [Liter]	Äquivalenz-ziffer	äquivalente Rechnungs-einheiten	Selbstkosten [€ pro Stk.]	Einzelkosten [€ pro Stk.]	Einzelkosten [€]	Gemein-kosten [€]	Selbstkosten [€]
A	6.000	1	6.000		1,50 €		23.346,30 €	
B	2.400	0,7	1.680		2,00 €		6.536,97 €	
C	2.000	1,3	2.600		2,50 €		10.116,73 €	
SUMME			10.280				40.000,00 €	
		1 RE	3,89105 €					

Schritt 5: Berechnung der Einzelkosten der einzelnen Sorten (durch Multiplikation der jeweiligen geplanten Absatzmenge mit den jeweiligen Einzelkosten pro Liter) und anschließende Berechnung der Selbstkosten der einzelnen Sorten (durch Addition der jeweiligen Einzelkosten mit den jeweiligen Gemeinkosten pro Sorte).

Sorte Lösungsmittel	geplante Absatzmenge [Liter]	Äquivalenzziffer	äquivalente Rechnungseinheiten	Selbstkosten [€ pro Stk.]	Einzelkosten [€ pro Stk.]	Einzelkosten [€]	Gemeinkosten [€]	Selbstkosten [€]
A	6.000	1	6.000		1,50 €	9.000,00 €	23.346,30 €	32.346,30 €
B	2.400	0,7	1.680		2,00 €	4.800,00 €	6.536,97 €	11.336,96 €
C	2.000	1,3	2.600		2,50 €	5.000,00 €	10.116,73 €	15.116,73 €
SUMME			10.280				40.000,00 €	
		1 RE	3,89105 €					

Schritt 6: Durch die sortenspezifische Divisionskalkulation (Selbstkosten pro Sorte dividiert durch geplante Ansatzmenge je Sorte) ermittelt man dann die Selbstkosten je Liter.

Sorte Lösungsmittel	geplante Absatzmenge [Liter]	Äquivalenzziffer	äquivalente Rechnungseinheiten	Selbstkosten [€ pro Stk.]	Einzelkosten [€ pro Stk.]	Einzelkosten [€]	Gemeinkosten [€]	Selbstkosten [€]
A	6.000	1	6.000	5,39 €	1,50 €	9.000,00 €	23.346,30 €	32.346,30 €
B	2.400	0,7	1.680	4,72 €	2,00 €	4.800,00 €	6.536,97 €	11.336,96 €
C	2.000	1,3	2.600	7,56 €	2,50 €	5.000,00 €	10.116,73 €	15.116,73 €
SUMME			10.280				40.000,00 €	
		1 RE	3,89105 €					

15.5 Differenzierte Zuschlagskalkulation

Rahmenbedingungen:

1. Serien- oder Einzelfertigung
2. Voraussetzung ist eine Kostenstellenrechnung (Stichwort BAB), um die Gemeinkostenzuschlagssätze zu erhalten.
3. Die Einzelkosten werden aus der Kostenartenrechnung entnommen und dem Kostenträger direkt zugeordnet.
4. Die Gemeinkosten werden mithilfe der Gemeinkostenzuschlagssätze aus dem BAB berechnet.

Kalkulationsschema der differenzierten Zuschlagskalkulation mit anschließender Angebotskalkulation:

	Berechnung der Selbstkosten	
	Materialeinzelkosten (MEK)	
+	Materialgemeinkosten (MGK)	*MEK * MGK-Zuschlagssatz aus dem BAB*
+	Fertigungseinzelkosten (FEK)	
+	Fertigungsgemeinkosten (FGK)	*FEK * FGK-Zuschlagssatz aus dem BAB*
+	Sondereinzelkosten der Fertigung (SEKF)	
=	**Herstellkosten der Fertigung (HKF)**	
-	Bestandsmehrungen	
+	Bestandsminderungen	
=	**Herstellkosten des Umsatzes (HKU)**	
+	Verwaltungsgemeinkosten (VwGK)	*HKU * VwGK-Zuschlagssatz aus dem BAB*
+	Vertriebsgemeinkosten (VtGK)	*HKU * VtGK-Zuschlagssatz aus dem BAB*
+	Sondereinzelkosten des Vertriebs (SEKV)	
=	**Selbstkosten**	
	Angebotskalkulation	
+	Gewinnaufschlag	*in % bezogen auf Selbstkosten (auf Hundert)*
=	**Barverkaufspreis**	
+	Skonto	*in % bezogen auf Zielverkaufspreis (im Hundert)*
+	Vertreterprovision	*in % bezogen auf Zielverkaufspreis (im Hundert)*
=	**Zielverkaufspreis**	
+	Rabatt	*in % bezogen auf Angebotspreis netto (im Hundert)*
=	**Angebotspreis (netto)**	
+	gesetzliche Umsatzsteuer	*in % bezogen auf Angebotspreis netto (auf Hundert)*
=	**Angebotspreis (brutto)**	

Anmerkungen:

- ⇨ *Fertigungseinzelkosten sind zumeist Löhne.*
- ⇨ *Sondereinzelkosten der Fertigung sind z. B. auftragsweise erfassbare Werkzeugkosten, Patent- und Lizenzkosten, Kosten für anzufertigende Modelle und Schablonen, Kosten für Sonderanfertigungen.*
- ⇨ *Zu den Sondereinzelkosten des Vertriebs zählen alle auftragsweise erfassbaren Vertriebseinzelkosten, z. B. Provisionen, Ausgangsfrachten und -zölle, Verpackung, Verkaufslizenzen.*

Beispiel

Differenzierte Zuschlagskalkulation mit anschließender Angebotskalkulation

Gegebene Daten:

- ⇨ Materialeinzelkosten: . . . . 100 €
- ⇨ Fertigungseinzelkosten Stelle I: . . . 140 €
- ⇨ Fertigungseinzelkosten Stelle II: . . . . 60 €
- ⇨ Zuschlagssätze aus dem BAB
  - MGK-Zuschlagssatz: . . . . 15 %
  - FGK-Zuschlagssatz Stelle I: . . . . . 120 %
  - FGK-Zuschlagssatz Stelle II: . . . . . 55 %
  - VwGK-Zuschlagssatz: . . . . 10 %
  - VtGK-Zuschlagssatz: . . . . 5 %
- ⇨ Gewinnaufschlag: . . . . 25 %
- ⇨ Vertreterprovision: . . . . 5 %
- ⇨ Skonto: . . . . 2 %
- ⇨ Rabatt: . . . . 10 %

	Berechnung der Selbstkosten		Bemerkung
	Materialeinzelkosten (MEK)	100,00 €	
+	Materialgemeinkosten (MGK) 15 % von MEK	15,00 €	100 € * 15 %
+	Fertigungseinzelkosten Stelle I (FEK I)	140,00 €	
+	Fertigungsgemeinkosten Stelle I (FGK I) 120 % von FEK I	168,00 €	140 € * 120 %
+	Fertigungseinzelkosten Stelle II (FEK II)	60,00 €	
+	Fertigungsgemeinkosten Stelle II (FGK II) 55 % von FEK II	33,00 €	60 € * 55 %
+	Sondereinzelkosten der Fertigung (SEKF)	*fallen in diesem Beispiel nicht an*	
=	**Herstellkosten der Fertigung (HKF)**	**516,00 €**	
-	Bestandsmehrungen	*fallen in diesem Beispiel nicht an*	
+	Bestandsminderungen	*fallen in diesem Beispiel nicht an*	
=	**Herstellkosten des Umsatzes (HKU)**	**516,00 €**	
+	Verwaltungsgemeinkosten (VwGK) 10 % von HKU	51,60 €	516 € * 10 %
+	Vertriebsgemeinkosten (VtGK) 5 % von HKU	25,80 €	516 € * 5 %
+	Sondereinzelkosten des Vertriebs (SEKV)	*fallen in diesem Beispiel nicht an*	
=	**Selbstkosten (SK)**	**593,40 €**	

	Angebotskalkulation		Bemerkung
+	Gewinnaufschlag 25 % von SK	148,35 €	593,40 € * 25 %
=	**Barverkaufspreis**	**741,75 €**	
+	Skonto 2 % von Zielverkaufspreis	15,95 €	797,58 € * 2 %
+	Vertreterprovision 5 % von Zielverkaufspreis	39,88 €	797,58 € * 5 %
=	**Zielverkaufspreis**	**797,58 €**	**741,75 € : 0,93**
+	Rabatt 10 % von Angebotspreis (netto)	88,62 €	886,20 € * 10 %
=	**Angebotspreis (netto)**	**886,20 €**	**797,58 € : 0,90**
+	gesetzliche Umsatzsteuer 19 % von Angebotspreis (netto)	168,38 €	886,20 € * 19 %
=	**Angebotspreis (brutto)**	**1.054,58 €**	

Beispielhafte Erläuterung der Berechnung »im Hundert«

Zwischen dem Barverkaufspreis und dem Zielverkaufspreis werden Skonti und Vertreterprovisionen einkalkuliert. Die Berechnung erfolgt »im Hundert« (i. H.), d. h. der Barverkaufspreis ist nach Abzug von Kundenskonto (hier 2 %) und Vertreterprovision (hier 5 %) vom Zielverkaufspreis zu erreichen. Der Barverkaufspreis von 741,75 € entspricht somit nur 93 % des Zielverkaufpreises.

$$\frac{741{,}75\text{ €}}{0{,}93} = 797{,}58\text{ € Zielverkaufspreis}$$

Von diesem Zielverkaufspreis berechnet man dann einmal 2 % (Skonto 15,95 €) bzw. 5 % (Vertreterprovision 39,88 €). Analog geht man mit dem Rabatt vor.

15.6 Maschinenstundensatzkalkulation

Rahmenbedingungen:

⇨ Sonderform der differenzierten Zuschlagskalkulation

⇨ hoher Automatisierungsgrad (mehr Maschinen als Menschen)

Die Fertigungsgemeinkosten stehen somit nicht in Zusammenhang mit den Fertigungslöhnen, sondern mit den Maschinenlaufzeiten. Die Maschinen werden als Fertigungshauptkostenstellen erfasst.

Vorgehensweise:

1. **Aufteilung der Fertigungsgemeinkosten (FGK) in maschinenabhängige und maschinenunabhängige FGK (= Restfertigungsgemeinkosten)**

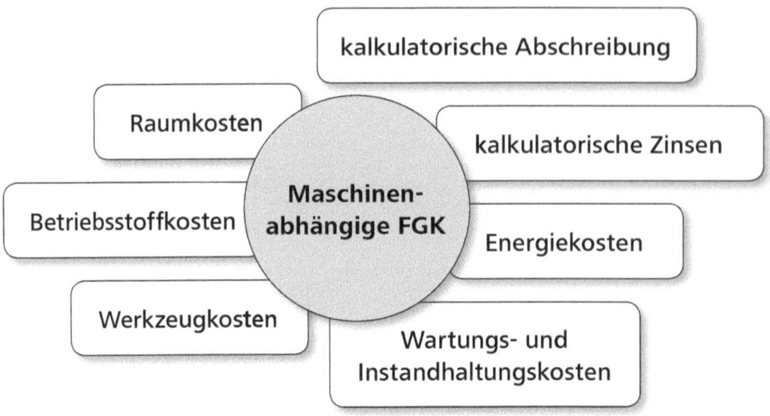

Kalkulatorische Abschreibung

$$\text{Abschreibungsbetrag pro Jahr} = \frac{\text{Wiederbeschaffungskosten - Restwert}}{\text{wirtschaftliche bzw. technische Nutzungsdauer}}$$

Kalkulatorische Zinsen

kalkulatorische Zinsen = ½ gebundenes Kapital * Kalkulationszinsfuß (i)

Raumkosten

Raumkosten = Raumbedarf in m^2 * Kostensatz pro m^2

Restfertigungsgemeinkosten

Restfertigungsgemeinkosten = gesamte FGK - maschinenabhängige FGK

2. Ermittlung des Maschinenstundensatzes

$$\textbf{Maschinenstundensatz} = \frac{\text{maschinenabhängige Fertigungsgemeinkosten}}{\text{Maschinenlaufstunden}}$$

3. Ermittlung der Maschinenkosten

Maschinenkosten = Laufzeit Auftrag * Maschinenstundensatz

4. Ermittlung des Restfertigungsgemeinkostenzuschlags

$$\textbf{Restfertigungsgemeinkostenzuschlag} = \frac{\text{Restfertigungsgemeinkosten}}{\text{Fertigungseinzelkosten}} * 100$$

Kalkulationsschema der Maschinenstundensatzkalkulation

	Berechnung der Selbstkosten	
	Materialeinzelkosten (MEK)	
+	Materialgemeinkosten (MGK)	MEK * MGK-Zuschlagssatz aus dem BAB
+	Maschinenkosten	Laufzeit Auftrag * Maschinenstundensatz
+	Fertigungseinzelkosten (FEK)	
+	Restfertigungsgemeinkosten (RFGK)	FEK * RFGK-Zuschlagssatz
+	Sondereinzelkosten der Fertigung (SEKF)	
=	**Herstellkosten der Fertigung (HKF)**	
-	Bestandsmehrungen	
+	Bestandsminderungen	
=	**Herstellkosten des Umsatzes (HKU)**	
+	Verwaltungsgemeinkosten (VwGK)	HKU * VwGK-Zuschlagssatz aus dem BAB
+	Vertriebsgemeinkosten (VtGK)	HKU * VtGK-Zuschlagssatz aus dem BAB
+	Sondereinzelkosten des Vertriebs (SEKV)	
=	**Selbstkosten (SK)**	

Anmerkung: *Die Maschinenstundensatzkalkulation unterscheidet sich von der differenzierten Zuschlagskalkulation nur im Fertigungsbereich (Erweiterung). Grundsätzlich ist im Anschluss an die Selbstkostenkalkulation auch eine Angebotskalkulation denkbar.*

Beispiel

Maschinenstundensatzkalkulation

Für eine in der Montage eingesetzten Maschine eines Unternehmens der metallverarbeitenden Industrie gelten folgende Daten:

Position	Wert
Anschaffungskosten	100.000 €
Wiederbeschaffungskosten	120.000 €
wirtschaftliche Nutzungsdauer (Jahre)	10
Kalkulationszinssatz	6 %
jährliche Wartungskosten	4.000 €
Raumbedarf in m²	25 m²
Kostensatz pro m² und Monat	5 €
Energiekosten pro Monat	875 €
Wartungs- und Instandhaltungskosten (jährlich)	2.000 €
Betriebsstoffkosten (jährlich)	500 €
geplante Laufzeit pro Jahr (Stunden)	1.500

Aus diesen Daten soll der Maschinenstundensatz ermittelt werden.

Schritt 1: Berechnung der maschinenabhängigen Fertigungsgemeinkosten

$$\text{kalkulatorische Abschreibung pro Jahr} = \frac{120.000 \text{ €} - 0 \text{ €}}{10 \text{ Jahre}} = 12.000 \text{ € pro Jahr}$$

kalkulatorische Zinsen pro Jahr = ½ * 100.000 € * 6 % = 3.000 € pro Jahr

jährliche Wartungskosten = 4.000 € pro Jahr

jährliche Raumkosten = 25 m² * 5 € pro m² * 12 = 1.500 € pro Jahr

jährliche Energiekosten = 875 € * 12 = 10.500 €

jährliche Wartungs- und Instandhaltungskosten = 2.000 €

jährliche Betriebsstoffkosten = 500 €

Summe maschinenabhängige Fertigungsgemeinkosten = 33.500 € pro Jahr

Schritt 2: Berechnung des Maschinenstundensatzes

⇨ Summe maschinenabhängige FGK pro Jahr: 33.500 €

⇨ Maschinenlaufstunden pro Jahr: 1.500 Stunden

⇨ Maschinenstundensatz: 22,34 € pro Stunde

Berechnung der Selbstkosten mittels des Maschinenstundensatzes

⇨ Materialeinzelkosten: .... 100,00 €

⇨ Fertigungseinzelkosten: .... 140,00 €

⇨ Maschinenstundensatz: .... 22,34 €

⇨ Zuschlagssätze aus dem BAB

_ MGK-Zuschlagssatz: ....15 %

_ RFGK-Zuschlagssatz: .... 30 %

_ Laufzeit Maschine: .... 3 Stunden

_ VwGK-Zuschlagssatz: .... 10 %

_ VtGK-Zuschlagssatz: .... 5 %

	Berechnung der Selbstkosten		Bemerkung
	Materialeinzelkosten (MEK)	100,00 €	
+	Materialgemeinkosten (MGK) 15 % von MEK	15,00 €	100 € * 15 %
+	Maschinenkosten	67,02 €	3 * 22,34 €
+	Fertigungseinzelkosten (FEK)	140,00 €	
+	Restfertigungsgemeinkosten (RFGK) 30 % von FEK	42,00 €	140 € * 30 %
+	Sondereinzelkosten der Fertigung (SEKF)	*fallen in diesem Beispiel nicht an*	
=	**Herstellkosten der Fertigung (HKF)**	**364,02 €**	
-	Bestandsmehrungen	*fallen in diesem Beispiel nicht an*	
+	Bestandsminderungen	*fallen in diesem Beispiel nicht an*	
=	**Herstellkosten des Umsatzes (HKU)**	**364,02 €**	
+	Verwaltungsgemeinkosten (VwGK) 10 % von HKU	36,40 €	364,02 € * 10 %
+	Vertriebsgemeinkosten (VtGK) 5 % von HKU	18,20 €	364,02 € * 5 %
+	Sondereinzelkosten des Vertriebs (SEKV)	*fallen in diesem Beispiel nicht an*	
=	**Selbstkosten (SK)**	**418,62 €**	

15.7 Deckungsbeitragsrechnung

Definition Deckungsbeitrag

⇨ Der Deckungsbeitrag ist die Differenz zwischen Erlösen (Umsatz) und variablen Kosten.

⇨ Er ist der Betrag, der somit zur Deckung der Fixkosten zur Verfügung steht.

⇨ Der Deckungsbeitrag kann sowohl auf eine Gesamtmenge (Periodenrechnung) eines Produkts als auch auf eine Mengeneinheit (Stückrechnung) bezogen sein.

Deckungsbeitrag = Umsatzerlöse - variable Kosten (gesamt bzw. pro Stück)

15.7.1 Deckungsbeitragsrechnung als Periodenrechnung

	Umsatzerlöse sämtlicher Produkte pro Periode
-	variable Kosten pro Periode
=	**Deckungsbeitrag pro Periode (DB)**
-	fixe Kosten pro Periode
=	**Betriebsergebnis (Gewinn oder Verlust)**

15.7.2 Deckungsbeitragsrechnung als Stückrechnung

	Umsatzerlöse pro Stück
-	variable Stückkosten
=	**Deckungsbeitrag pro Stück (db)**
-	fixe Stückkosten
=	**Stückerfolg (Gewinn oder Verlust)**

15.7.3 Marge

$$\textbf{Marge (Bruttogewinn)} = \frac{\text{Deckungsbeitrag pro Periode (DB)}}{\text{Umsatzerlöse pro Periode}} * 100$$

15.7.4 Relativer Deckungsbeitrag (= DB pro Zeiteinheit)

⇨ Durch die Bildung von relativen Deckungsbeiträgen können unterschiedliche Deckungsbeiträge von verschiedenen Produkten „vergleichbar" gemacht werden.

⇨ Einsatz erfolgt insbesondere bei Kapazitätsengpässen

$$\textbf{Deckungsbeitrag relativ} = \frac{\text{Deckungsbeitrag pro Stück (db)}}{\text{Produktionszeit pro Einheit } (t_e)}$$

⇨ Rangfolge der einzelnen Produkte aufstellen – das Produkt mit dem höchsten relativen Deckungsbeitrag wird zuerst produziert etc. (bis die Kapazitätsgrenze erreicht ist).

15.7.5 Mehrstufige Deckungsbeitragsrechnung

	Umsatzerlöse des jeweiligen Produktes pro Periode
-	variable Kosten des jeweiligen Produktes pro Periode
=	**Deckungsbeitrag I (DB I)**
-	fixe Produktkosten pro Periode
=	**Deckungsbeitrag II (DB II)**
-	fixe Produktgruppenkosten pro Periode
=	**Deckungsbeitrag III (DB III)**
-	fixe Produktbereichskosten pro Periode
=	**Deckungsbeitrag IV (DB IV)**
-	Unternehmensfixkosten
=	**Betriebsergebnis**

15.7.6 Langfristige Preisuntergrenze

Ein Unternehmen muss auf lange Sicht einen Preis erzielen können, der sämtliche Kosten des Unternehmens abdeckt (= alle variablen und alle fixen Kosten zzgl. einen gewünschten Mindestgewinn).

15.7.7 Kurzfristige Preisuntergrenze

Es gibt jedoch Fälle (z. B. Auslastung freier Kapazitäten), wo es sich lohnt, ausschließlich die variablen Kosten bei der Preiskalkulation zu berücksichtigen (die variablen Kosten bilden dann zugleich die kurzfristige Preisuntergrenze).

Jeder Preis, der dann über den zusätzlich anfallenden variablen Kosten liegt, erbringt einen positiven Deckungsbeitrag und verbessert somit das Betriebsergebnis.

15.7.8 Break-Even-Punkt (Gewinnschwelle)

- ⇨ Break-Even-Punkt ist der Beschäftigungsgrad (Ausbringungsmenge), bei dem die Umsatzerlöse einer Periode exakt den Gesamtkosten einer Periode (= fixe Kosten + variable Kosten) entsprechen.
- ⇨ Oberhalb dieser Ausbringungsmenge erzielt der Betrieb Gewinne, unterhalb davon Verluste.
- ⇨ Der Break-Even-Punkt kann rechnerisch und grafisch darbestellt werden.

Rechnerisch gilt im Break-Even-Punkt: Umsatz entspricht exakt den Gesamtkosten (= Fixkosten + variable Kosten).

Umsatz	=	**Fixkosten**	+	**variable Kosten**
$p * x$	=	K_{fix}	+	K_{var}
$p * x$	=	K_{fix}	+	$x * k_{var}$
$(p * x) - (x * k_{var})$	=	K_{fix}		
$x (p - k_{var})$	=	K_{fix}		
x_0	=	$\frac{K_{fix}}{(p - k_{var})}$		

Die **Break-Even-Menge (x_0)** ergibt sich somit, indem man die Fixkosten (K_{fix}) durch die Differenz zwischen Stückerlös (p) und variable Stückkosten (k_{var}) teilt.

Differenz Stückerlös (p) und variable Stückkosten (k_{var}) nennt man auch **Deckungsbeitrag pro Stück (db).**

Der **Break-Even-Umsatz (U_0)** liegt dort, wo die Umsatzerlöse exakt den Gesamtkosten entsprechen.

Grafische Darstellung

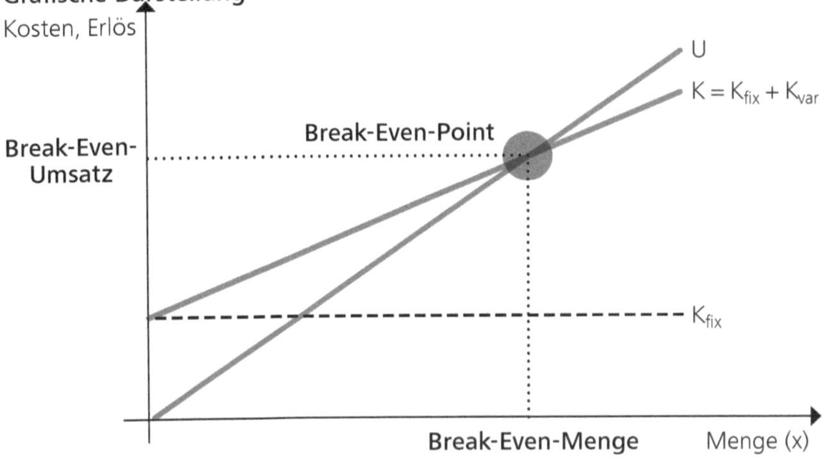

- ⇨ **Fixkosten (K_{fix})** entstehen auch, wenn nichts produziert wird (Ausbringungsmenge = 0) und verändern sich innerhalb der Kapazitätsgrenzen nicht (daher grafisch als Gerade eingezeichnet).
- ⇨ **Gesamtkosten (K)** ergeben sich aus der Summe der Fixkosten (K_{fix}) und der variablen Kosten (K_{var}). Die Gesamtkostenkurve beginnt nicht im Ursprung des Diagramms, sondern setzt an den Fixkosten an. Von da an steigt sie proportional an, da die variablen Kosten abhängig von der Ausbringungsmenge sind.
- ⇨ **Umsatz (U):** Die Umsatzkurve beginnt im Ursprung des Diagramms, da der Umsatz abhängig von der Ausbringungsmenge ist.

16. Kostenrechnungssysteme

16.1 Istkostenrechnung

- ⇨ Istkostenrechnung ist die nachträgliche Erfassung des betrieblichen Güter- und Dienstleistungsverzehrs in der Art, wie er tatsächlich in der betreffenden Periode angefallen ist.
- ⇨ Istkostenrechnung ist somit vergangenheitsorientiert und auf eine Periode bezogen (»Zufallsschwankungen« sind möglich).
- ⇨ Aufgaben:
  - Kontroll- und Steuerungszwecke (Stichwort: Plan-Ist-Vergleiche)
  - Nachkalkulation der Kostenträger
  - Ermittlung des erwirtschafteten Periodenergebnisses
- ⇨ Nachteile:
  - Vergangenheitsorientierung
  - Zufallsschwankungen
  - zukunftsgerichtete Preiskalkulation nicht möglich
  - Planung des Betriebsergebnisses nicht möglich
  - keine Kosten- und Wirtschaftlichkeitskontrollen möglich

16.2 Normalkostenrechnung

- ⇨ Normalkosten sind durchschnittliche Istkosten mehrerer vergangener Perioden.
- ⇨ Normalkostenrechnung minimiert die Nachteile der Istkostenrechnung, insbesondere die Vergangenheitsorientierung und die Berücksichtigung von Zufallsschwankungen der Werte.

16.3 Plankostenrechnung

- ⇨ Plankostenrechnung ist ein zukunftbezogenes Kostenrechnungssystem.
- ⇨ Sie ist besonders gut geeignet, um betriebliche Planungs- und Kontrollaufgaben zu unterstützen (Stichwort: Plan-Ist-Vergleich).
- ⇨ Aus regelmäßigen Vergleichen der Plan- und Istkosten lassen sich Rückschlüsse auf eine wirtschaftliche oder unwirtschaftliche Arbeit des Betriebs ziehen.
- ⇨ Die relevanten Plandaten werden über Schätzungen oder Berechnungen ermittelt.
- ⇨ Man unterscheidet zwischen der starren und der flexiblen Plankostenrechnung.

16.3.1 Plankosten (K_P)

- ⇨ Plankosten sind Kosten, die für eine zukünftige Periode vom Unternehmen geplant werden (Kostenvorgaben).
- ⇨ Plankosten sind Kosten, die sich bei einer angenommenen Planbeschäftigung (x_P) voraussichtlich ergeben.
- ⇨ Gesamte Plankosten (K_P) = variable Plankosten (K_v) + fixe Plankosten (K_f)

16.3.2 Aufgaben der Plankostenrechnung

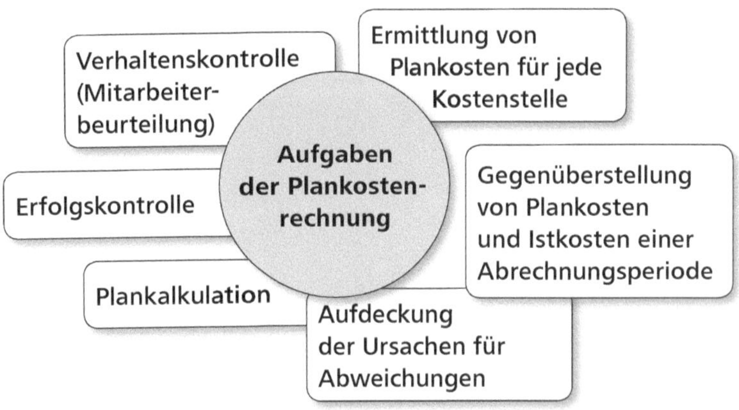

Plankostenrechnungssysteme

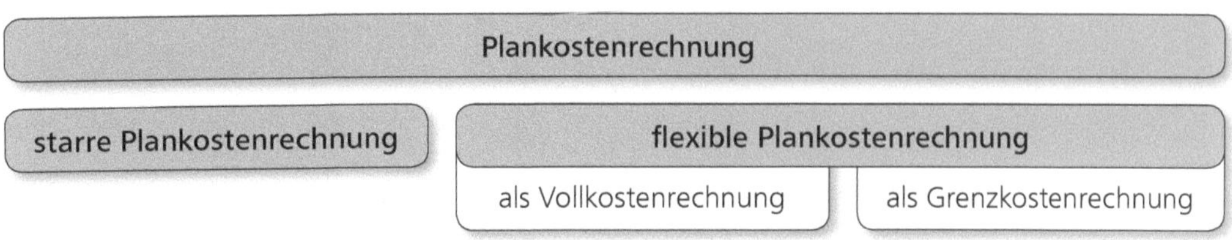

16.3.3 Starre Plankostenrechnung

Charakterisierung:

⇨ einfachstes Verfahren der Plankostenrechnung

⇨ keine Differenzierung in fixe und variable Kosten (fehlende Kostenauflösung)

⇨ feste (starre) Vorausplanung der Kosteneinflussgrößen (z. B. Beschäftigung, Preise)

⇨ nur bei konstantem Beschäftigungsgrad sinnvoll, da bei wechselnder Beschäftigung keine Kostenkontrolle möglich ist

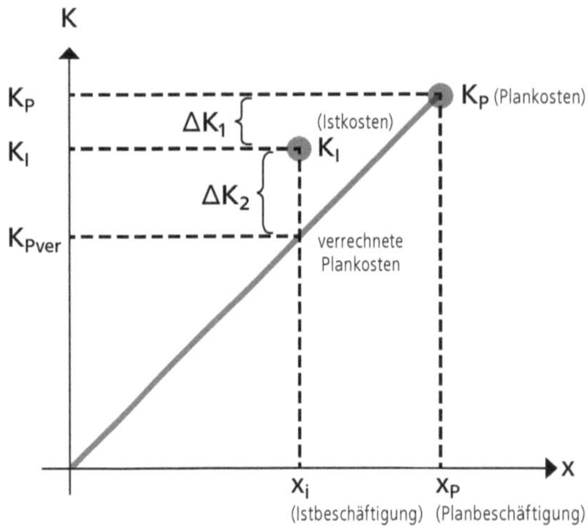

Schritt 1: Berechnung des Plankostenverrechnungssatzes

Der Plankostenverrechnungssatz (PKVS) ergibt sich aus der Division der Plankosten (K_P) durch die Planbeschäftigung (x_P).

$$PKVS = \frac{K_P}{x_P}$$

Schritt 2: Berechnung der verrechneten Plankosten

Die verrechneten Plankosten (K_{Pver}) berechnen sich aus der Multiplikation der Plankosten (K_P) mit dem Beschäftigungsgrad $\left(\text{Beschäftigungsgrad} = \frac{\text{Istbeschäftigung } (x_i)}{\text{Planbeschäftigung } (x_p)}\right)$.

$$K_{Pver} = K_P * \frac{x_i}{x_p}$$

oder

$$K_{Pver} = PKVS * x_i$$

Schritt 3: Berechnung der Kostenabweichungen

$$\text{Kostenabweichung } \Delta K_1 = K_P - K_i$$

$$\text{Kostenabweichung } \Delta K_2 = K_i - K_{Pver}$$

Interpretation:

⇨ Kostenabweichung ΔK_1 eignet sich nicht für eine Wirtschaftlichkeitskontrolle, da sich die Plan- und Istkosten auf unterschiedliche Beschäftigungsgrade beziehen.

⇨ Kostenabweichung ΔK_2 ist ebenfalls wenig aussagekräftig, da in den verrechneten Plankosten fixe Kostenbestandteile enthalten sind, die sich zu der jeweiligen Bezugsgröße nicht proportional verhalten.

⇨ Eine sinnvolle Kontrolle der Wirtschaftlichkeit wäre nur dann möglich, wenn Planbeschäftigung und Istbeschäftigung (zufällig) übereinstimmten.

⇨ Für alle Beschäftigungsabweichungen ist somit die starre Plankostenrechnung unbrauchbar. Sie muss in diesem Fall durch eine flexible, d. h. alternative Beschäftigungen berücksichtigende, Plankostenrechnung ersetzt werden.

16.3.4 Flexible Plankostenrechnung auf Vollkostenbasis

Charakterisierung:

⇨ Plankosten werden an eine von der geplanten Beschäftigung abweichende Istbeschäftigung angepasst. Die so entstehenden Kosten werden Sollkosten genannt.

⇨ Es findet eine Differenzierung in fixe und variable Kosten statt (Kostenauflösung).

⇨ Differenzierte Abweichungsanalysen sind somit möglich.

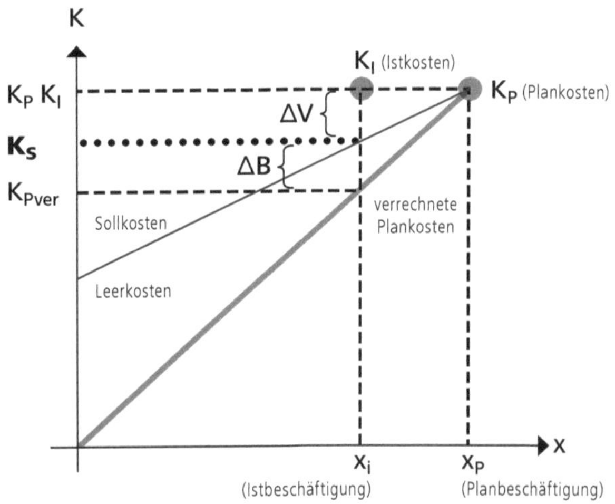

Schritt 1: Berechnung des variablen Plankostenverrechnungssatzes bzw. des gesamten Plankostenverrechnungssatzes

Der variable Plankostenverrechnungssatz ($PKVS_{var}$) ergibt sich aus der Division der variablen Plankosten (K_{Pvar}) durch die Planbeschäftigung (x_P).

$$PKVS_{var} = \frac{K_{Pvar}}{x_P}$$

Der (gesamte) Plankostenverrechnungssatz (PKVS) ergibt sich aus der Division der Plankosten (K_P) durch die Planbeschäftigung (x_P).

$$PKVS = \frac{K_P}{x_P}$$

Schritt 2: Berechnung der verrechneten Plankosten

Die verrechneten Plankosten (K_{Pver}) berechnen sich aus der Multiplikation der Plankosten (K_P) mit dem Beschäftigungsgrad $\left(\text{Beschäftigungsgrad} = \frac{\text{Istbeschäftigung } (x_i)}{\text{Planbeschäftigung } (x_p)}\right)$.

$$K_{Pver} = K_P * \frac{x_i}{x_p}$$

oder

$$K_{Pver} = PKVS * x_i$$

Schritt 3: Berechnung der Sollkosten

Die Sollkosten (K_s) sind die Kosten, die entstehen sollen, wenn statt der geplanten Beschäftigung (x_p) eine davon abweichende Istbeschäftigung eingetreten ist (x_i).

$$K_s = K_{Pvar} * \frac{x_i}{x_p} + K_{fix}$$

oder

$$K_s = PKVS_{var} * x_i + K_{fix}$$

Schritt 4: Berechnung der Verbrauchsabweichung

Die Verbrauchsabweichung berechnet sich aus der Differenz zwischen Istkosten und Sollkosten.

$$\Delta V = K_I - K_S$$

Mögliche Ursachen für eine Verbrauchsabweichung:

⇨ **Preisabweichungen** kommen dadurch zustande, dass die geplanten Faktorpreise von den tatsächlichen Preisen abweichen.

⇨ **Mengenabweichungen** entstehen, wenn sich geplante Mengen an Produktionsfaktoren von den tatsächlich verbrauchten Mengen unterscheiden.

Anmerkung: *In einigen betriebswirtschaftlichen Formelsammlungen ist auch die umgekehrte Definition der Verbrauchsabweichung üblich ($\Delta V = K_S - K_I$).*

Interpretation:

⇨ *Istkosten > Sollkosten:*
Es sind mehr Kosten tatsächlich angefallen als hätten anfallen sollen. Diese Verbrauchsabweichung ist vom zuständigen Kostenstellenleiter zu verantworten.

⇨ *Istkosten < Sollkosten:*
Es sind weniger Kosten tatsächlich angefallen als hätten anfallen sollen.

Schritt 5: Berechnung der Beschäftigungsabweichung

Die Beschäftigungsbweichung berechnet sich aus der Differenz zwischen Sollkosten und verrechneten Plankosten.

$$\Delta B = K_S - K_{Pver}$$

Anmerkung: *In einigen betriebswirtschaftlichen Formelsammlungen ist auch die umgekehrte Definition der Beschäftigungsabweichung üblich ($\Delta B = K_{pver} - K_S$).*

Interpretation:

⇨ *Sollkosten > verrechnete Plankosten: Unterdeckung der fixen Kosten*

⇨ *Sollkosten < verrechnete Plankosten: Überdeckung der fixen Kosten*

Schritt 6: Berechnung der Gesamtabweichung

Die Summe aus Verbrauchs- und Beschäftigungsabweichung wird als Gesamtabweichung bezeichnet.

$$\Delta G = \Delta V + \Delta B$$

oder

$$\Delta G = K_i - K_{Pver}$$

16.3.5 Flexible Plankostenrechnung auf Teilkostenbasis (Grenzplankostenrechnung)

Charakterisierung:

⇨ Nur die proportionalen (d. h. variablen) Kosten werden berücksichtigt.

⇨ Hierdurch wird die für die Vollkostenrechnung typische rechnerische Proportionalisierung der fixen Kosten vermieden.

⇨ Die fixen Kosten werden als Periodenkosten »en bloc« vorgegeben, also nicht auf die einzelnen Leistungseinheiten weiterverrechnet.

⇨ Lediglich für die variablen Kosten werden die Sollkosten ermittelt.

⇨ Daraus folgt, dass die Grenzplankostenrechnung keine Beschäftigungsabweichung kennt und lediglich die Verbrauchsabweichung als Differenz zwischen Soll- und Istkosten ausweist.

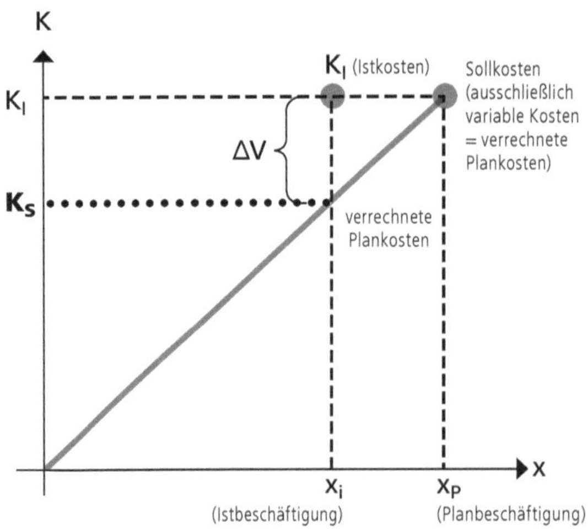

Schritt 1: Berechnung des variablen Plankostenverrechnungssatzes

Der variable Plankostenverrechnungssatz ($PKVS_{var}$) ergibt sich aus der Division der variablen Plankosten (K_{Pvar}) durch die Planbeschäftigung (x_P).

$$PKVS_{var} = \frac{K_{Pvar}}{x_P}$$

Schritt 2: Berechnung der verrechneten Plankosten

Die verrechneten Plankosten (K_{Pver}) berechnen sich aus der Multiplikation der variablen Plankosten (K_{Pvar}) mit dem Beschäftigungsgrad.

$$\left(\text{Beschäftigungsgrad} = \frac{\text{Istbeschäftigung } (x_i)}{\text{Planbeschäftigung } (x_p)}\right)$$

$$K_{Pver} = K_{Pvar} * \frac{x_i}{x_p}$$

oder

$$K_{Pver} = PKVS_{var} * x_i$$

Schritt 3: Berechnung der Sollkosten

Die Sollkosten (K_s) sind die Kosten, die entstehen sollen, wenn statt der geplanten Beschäftigung (x_p) eine davon abweichende Istbeschäftigung eingetreten ist (x_i).

$$K_S = K_{Pvar} * \frac{x_i}{x_p}$$

oder

$$K_S = PKVS_{var} * x_i$$

Schritt 4: Berechnung der Verbrauchsabweichung

Die Verbrauchsabweichung berechnet sich aus der Differenz zwischen variablen Istkosten und Sollkosten.

$$\Delta V = K_{Ivar} - K_S$$

16.3.6 Variator (V)

- ⇨ Der Variator ist ein Hilfsmittel der flexiblen Plankostenrechnung.
- ⇨ Die Kennziffer gibt an, wie hoch der Anteil der variablen Kosten an den Gesamtkosten bei Planbeschäftigung ist.

$$V = \frac{\text{Kosten (variabel)}}{\text{Kosten (gesamt)}} * 10$$

Beispiel

In einem Unternehmen werden bei Planbeschäftigung Gesamtkosten von 100.000 € berücksichtigt. Die variablen Gesamtkosten betragen 70.000 €.

$$V = \frac{\text{Kosten (variabel)}}{\text{Kosten (gesamt)}} * 10$$

$$V = \frac{70.000\ €}{100.000\ €} * 10 = 7$$

Der Variator hat somit den Wert von 7, d. h. 70 % der gesamten Plankosten sind variabel.

17. Neuere Formen des Kosten- und Leistungsmanagements

17.1 Target Costing (Zielkostenrechnung)

- ⇨ Target Costing ist ein Konzept eines marktorientierten Zielkostenmanagements, das vor allem in den frühen Phasen der Produktentwicklung eingesetzt wird.
- ⇨ Es ist ein interdisziplinärer Ansatz, bei dem das Controlling mit der Marktforschung sowie der Forschung & Entwicklung »Hand in Hand« geht.
- ⇨ Ziel ist die Produktentwicklung auf Basis der vom Kunden erlaubten Kosten, die wiederum das Ergebnis der vom Kunden definierten Funktionsmerkmale sind.
- ⇨ Die zentrale Frage lautet: »Was darf ein Produkt kosten?« anstelle von »Was wird ein Produkt kosten?«.
- ⇨ Die Kostenplanung beginnt im Vorfeld zur Produktentwicklung und läuft parallel zur Produktplanung.
- ⇨ Grundlagen sind der von der Marktforschung ermittelte Preis bzw. die Funktionen.

Grundidee des Target Costing

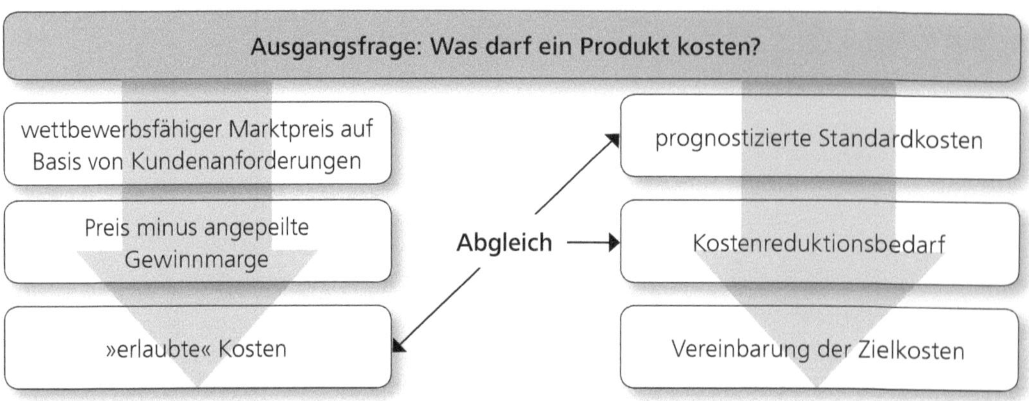

Ablaufschema des Target Costing

Ablaufschema Target Costing

1. **Ausarbeitung eines ersten Produktentwurfs**
2. **Zielkostenbestimmung für das Produkt auf der Grundlage des vom Markt »erlaubten Preises« und des angestrebten Gewinnanteils**
3. **Zielkostenbestimmung für die Produktfunktionen, -komponenten und -teile (Zielkostenspaltung) sowie Zielkostenerreichung im Rahmen der Entwicklung und Konstruktion**
4. **Zielkostenerreichung und -verbesserung während des Produktionslebenszyklus**

17.2 Prozesskostenrechnung

- ⇨ Rahmenbedingung: Anteil der Gemeinkosten steigt permanent (Rationalisierungspotenzial)
- ⇨ Ziel: Analyse, Steuerung und verursachungsgerechte Zurechnung von Gemeinkosten (i. d. R. sind das fixe Kosten)
- ⇨ Untersuchung von Prozessen, die Gemeinkosten bewirken
- ⇨ Verursachungsgerechtigkeit herstellen, um Fehlentscheidungen zu vermeiden
- ⇨ Schwachstellen der traditionellen Kostenrechnungssysteme (ungenaue Verrechnung über Zuschlagssätze, zu kurzfristig ausgelegt)
- ⇨ Anwendungsfelder: wiederholbare, strukturierte Abläufe in Gemeinkostenbereichen eines Unternehmens

Schritte der Prozesskostenrechnung

I. **Abgrenzung relevanter Unternehmensbereiche**

II. **Tätigkeitsanalyse zur Ermittlung von Teilprozessen**

III. **Differenzierung der Teilprozesse**
- leistungsmengeninduziert
- leistungsmengenneutral

IV. **Kapazitäts- und Kostenzuordnung für Teilprozesse**
- Auswahl passender Bezugsgrößen (Kostentreiber) für leistungsmengeninduzierte Teilprozesse
- Festlegung von Prozessmengen
- Bestimmung der erforderlichen Kapazitäten
- Planung der Prozesskosten
- Ermittlung von Prozesskostensätzen (Durchschnittswert für einmalige Durchführung)

V. **Verdichtung der Teilprozesse zu Hauptprozessen**

VI. **Kapazitäts- und Kostenzuordnung der Hauptprozesse**

Beispiel

Schritte I–IV (Teilprozessebene)

Kostenstelle Fertigungsplanung									
Teilprozesse		Bezugsgrößen		Kosten-zurech-nung	Prozesskosten			Prozesskostensatz	
Nr.	Bezeichnung	Art (Anzahl der ...)	Menge	Basis	lmi	lmn	gesamt	lmi	gesamt
1	Arbeitspläne ändern	Produktveränderungen	200	4 MJ	400.000 €	30.769 €	430.769 €	2.000 €	2.153,85 €
2	Fertigung betreuen	Varianten	100	6 MJ	600.000 €	46.154 €	646.154 €	6.000 €	6.461,54 €
3	Fertigungsaufträge steuern	Fertigungsaufträge	1.000	3 MJ	300.000 €	23.077 €	323.077 €	300 €	323,08 €
4	Abteilung leiten			1 MJ		100.000 €			
				14 MJ			1.400.000 €		

Legende: MJ = Mannjahre
lmi = leistungsmengeninduziert
lmn = leistungsmengenneutral

Beispiel

Schritt V (Hauptprozessebene)

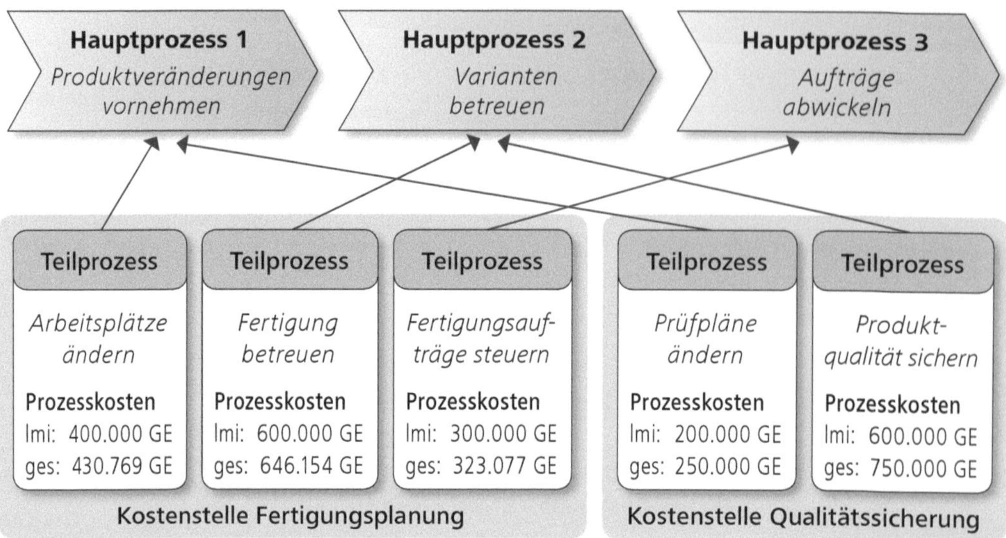

Beispiel

Schritt VI (Hauptprozessebene)

Hauptprozesse		Cost Driver		Prozesskosten		Prozesskostensatz	
	Bezeichnung	Art (Anzahl der ...)	Menge	lmi	gesamt	lmi	gesamt
1	Produktveränderungen vornehmen	Produktveränderungen	200	600.000 €	680.769 €	3.000 €	3.403,85 €
2	Varianten betreuen	Varianten	100	1.200.000 €	1.396.154 €	12.000 €	13.961,54 €
3	Aufträge abwickeln	Aufträge	1.000	900.000 €	950.000 €	900 €	950,00 €

18. Möglichkeiten der Kostenbeeinflussung

Möglichkeiten der Kostenbeeinflussung

Verwaltungsabläufe vereinfachen

Arbeitsplatzgestaltung optimieren

Logistikkosten beeinflussen

- Materialfluss
- interner Transport
- externer Transport

Produktionstiefe verändern

- Lean Production
- Make-or-buy-Analyse

Einkaufsbündelung

Materialbestände optimieren

alternative Materialien

Produktion optimieren

- Business Process Reengineering
- Reduktion der Lieferzeiten
- Reduktion der Durchlaufzeiten
- gleichmäßiger Produktionsfluss ohne größere Stillstandszeiten
- Reduktion der Umlaufbestände
- Erhöhung der Flexibilität und Qualität
- effiziente Produktion durch qualifizierte Mitarbeiter
- KAIZEN
- Senkung von Produktionskosten
- Anpassen von Produktionskapazitäten
- Outsourcing

19. Make-or-buy-Entscheidung

⇨ Ist es günstiger, ein Produkt (Halbfabrikat oder Fertigerzeugnis) selbst herzustellen (MAKE) oder von außen zu beziehen (BUY)?

⇨ Entscheidungsregel Fremdbezug: Kosten des Fremdbezugs < Kosten der Eigenfertigung

⇨ Kurzfristig:

- Betriebliche Kapazitäten reichen für eine Eigenproduktion aus (Annahme).
- Bei der Bewertung des Fremdbezugs sind die im eigenen Unternehmen angefallenen Fixkosten kurzfristig nicht zu reduzieren (Irrelevanz von fixen Kosten bei kurzfristigen Entscheidungen).

⇨ Langfristig:

- Betriebliche Kapazitäten reichen nicht für eine Eigenproduktion aus (Entstehung weiterer Fixkosten).
- Langfristig sind Fixkosten variierbar und somit entscheidungsrelevant!

Deckungsbeitrag Fremdbezug = Verkaufspreis - Einkaufspreis

Deckungsbeitrag Eigenfertigung (kurzfristig) = Verkaufspreis - variable Stückkosten

Deckungsbeitrag Eigenfertigung (langfristig) = Verkaufspreis - gesamte Stückkosten

20. Statische Investitionsrechnung

⇨ Statisch steht für Durchschnittsrechnungen bzw. Einperiodenmodelle (im Gegensatz zur dynamischen Investitionsrechnung).

⇨ Der konkrete zeitliche Anfall der Ein- und Auszahlungen bleibt unberücksichtigt.

⇨ Beispiel: Eine zu Investitionsbeginn anfallende Auszahlung für die Anschaffung eines Investitionsobjekts wird in eine durchschnittliche (auf jedes Nutzungsjahr entfallende) Kostengröße umgerechnet. Somit wird eine Durchschnittsperiode konstruiert.

⇨ Kriterien zur Beurteilung der Vorteilhaftigkeit sind Kosten, Gewinn, Rentabilität und Amortisationszeit.

⇨ Die Verfahren der statischen Investitionsrechnung sind deshalb:

- Kostenvergleichsrechnung
- Gewinnvergleichsrechnung
- Rentabilitätsvergleichsrechnung
- Amortisationsvergleichsrechnung

20.1 Kostenvergleichsrechnung

⇨ Die Kostenvergleichsrechnung nimmt bei gegebener Ausbringungsmenge einen Vergleich der in einer Periode anfallenden Kosten von zwei oder mehreren Investitionsobjekten vor.

⇨ Kriterium für die Vorteilhaftigkeit ist die jeweilige Kostendifferenz.

⇨ Vergleich der relevanten Gesamtkosten einer Periode
  _ Kapitalkosten (Abschreibungen und Zinsen) und
  _ Betriebskosten (Lohn-, Material-, Energie- und Instandhaltungskosten)

⇨ Bei unterschiedlichen Ausbringungsmengen der zu vergleichenden Anlagen sind nicht die Gesamtkosten, sondern die jeweiligen Stückkosten zu vergleichen.

⇨ Entscheidungskriterium: Wähle die Anlage mit den geringsten Gesamt- bzw. Stückkosten!

Beispiel

Kostenvergleichsrechnung (Gesamtkostenvergleich)

	Anlage A	Anlage B
Anschaffungskosten (AK)	1.050.000 €	1.220.000 €
Nutzungsdauer (Jahre)	8	8
Restwert	50.000 €	150.000 €
Lohnkosten	130.000 €	100.000 €
Wartungskosten	32.500 €	24.500 €
Energiekosten	16.000 €	14.000 €
Materialkosten	70.000 €	61.000 €
Abschreibung (AfA)	125.000 €	133.750 €
Raumkosten	34.000 €	34.000 €
Finanzierungskosten 7 % von 50 % der AK	36.750 €	42.700 €
Gesamtkosten pro Periode	**444.250 €**	**409.950 €**

Beispiel

Kostenvergleichsrechnung (Stückkostenvergleich)

	Anlage A	Anlage B
Anschaffungskosten (AK)	1.050.000 €	1.220.000 €
Jährliche Leistungsmenge (Stk.)	55.000	75.000
Nutzungsdauer (Jahre)	8	8
Restwert	50.000 €	150.000 €
Lohnkosten	130.000 €	100.000 €
Wartungskosten	32.500 €	24.500 €
Energiekosten	16.000 €	14.000 €
Materialkosten	70.000 €	61.000 €
Abschreibung (AfA)	125.000 €	133.750 €
Raumkosten	34.000 €	34.000 €
Finanzierungskosten 7 % von 50 % der AK	36.750 €	42.700 €
Gesamtkosten pro Periode	444.250 €	409.950 €
Stückkosten pro Periode	**8,08 €**	**5,47 €**

20.2 Kritische Menge (kritische Stückzahl)

⇨ Zur Entscheidungsfindung bei Alternativenvergleichen ist die Ermittlung der kritischen Menge von großer Bedeutung.

⇨ Dieser Wert gibt an, ab welcher Ausbringungsmenge auf einer Anlage kostengünstiger im Vergleich zu einer anderen Anlage produziert werden kann.

⇨ Die kritische Menge kann sowohl grafisch als auch rechnerisch ermittelt werden.

Rechnerische Ermittlung der kritischen Menge:

$$K_{F1} + k_{V1} * x = K_{F2} + k_{V2} * x$$

$$k_{V1} * x - k_{V2} * x = K_{F2} - K_{F1}$$

$$x\,(k_{V1} - k_{V2}) = K_{F2} - K_{F1}$$

$$x = \frac{K_{F2} - K_{F1}}{k_{V1} - k_{V2}}$$

Grafische Ermittlung der kritischen Menge:

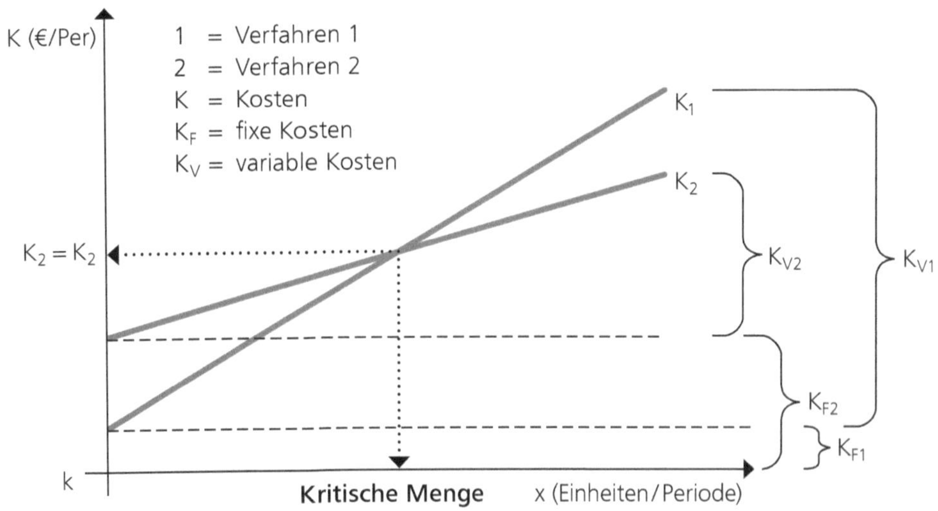

Interpretation der kritischen Menge:

Für jede Menge kleiner als die kritische Menge ist das Investitionsobjekt mit den niedrigeren Fixkosten und für jede Menge größer als die kritische Menge ist das Investitionsobjekt mit den niedrigeren variablen Stückkosten das wirtschaftlichere.

20.3 Gewinnvergleichsrechnung

⇨ In Ergänzung zur Kostenvergleichsrechnung werden die Verkaufserlöse mit in die Vergleichsrechnung einbezogen.

⇨ Kriterium für die Vorteilhaftigkeit ist der jeweilige Gewinn (= Erlös - Kosten).

⇨ Entscheidungskriterium: Wähle das Investitionsobjekt mit dem höchsten Periodengewinn!

Beispiel

Gewinnvergleichsrechnung (Periodenvergleich)

	Anlage A	Anlage B
Anschaffungskosten (AK)	1.050.000 €	1.220.000 €
jährliche Leistungsmenge (Stk.)	55.000	75.000
Nutzungsdauer (Jahre)	8	8
Erlös (pro Stk.)	16,10 €	11,20 €
Restwert	50.000 €	150.000 €
Lohnkosten	130.000 €	100.000 €
Wartungskosten	32.500 €	24.500 €
Energiekosten	16.000 €	14.000 €
Materialkosten	70.000 €	61.000 €
Abschreibung (AfA)	125.000 €	133.750 €
Raumkosten	34.000 €	34.000 €
Finanzierungskosten 7 % von 50 % der AK	36.750 €	42.700 €
Gesamtkosten pro Periode	444.250 €	409.950 €
Gesamterlös pro Periode	885.500 €	840.000 €
Gesamtgewinn pro Periode	**441.250 €**	**430.050 €**

20.4 Rentabilitätsvergleichsrechnung

- Die Rentabilitätsvergleichsrechnung ermittelt die Rentabilität der betrachteten Investitionsalternativen.
- Kriterium für die Vorteilhaftigkeit ist die jeweilige Rentabilität (R).
- Entscheidungskriterium: Wähle die Anlage mit der höchsten Rentabilität!

$$\text{Rentabilität (R)} = \frac{\text{Gewinn}}{\text{durchschn. Kapitaleinsatz}} * 100$$

$$\text{Gewinn} = \text{Erlöse} - \text{Kosten}$$

- Als durchschnittlicher Kapitaleinsatz je Periode werden bei abnutzbaren Anlagegütern (z. B. Anlagen) die halben Anschaffungskosten und bei nicht abnutzbaren Anlagegütern (z. B. Grundstücke) die vollen Anschaffungskosten angesetzt.
- Die Investition sollte zumindest so rentabel sein wie eine risikolose Anlage von Festgeld auf der Bank!

Return on Investment (ROI)

$$\text{Umsatzrentabilität} = \frac{\text{Gewinn}}{\text{Umsatz}} * 100$$

$$\text{Kapitalumschlag} = \frac{\text{Umsatz}}{\text{Gesamtkapital}}$$

$$\text{Return on Investment (ROI)} = \text{Umsatzrentabilität} * \text{Kapitalumschlag}$$

20.5 Amortisationsrechnung

- Amortisationsdauer: Zeitraum, in dem die Anschaffungsausgaben eines Investitionsobjekts durch die jährlich erwarteten Einzahlungsüberschüsse (Einzahlungen - Auszahlungen) gedeckt werden.
- Das Kriterium für die Vorteilhaftigkeit ist somit die jeweilige Amortisationsdauer.
- Risikoaspekt: Investitionen mit kurzer Amortisationsdauer sind sicherer!
- Die Amortisationsdauer sollte kleiner als die Nutzungsdauer sein!

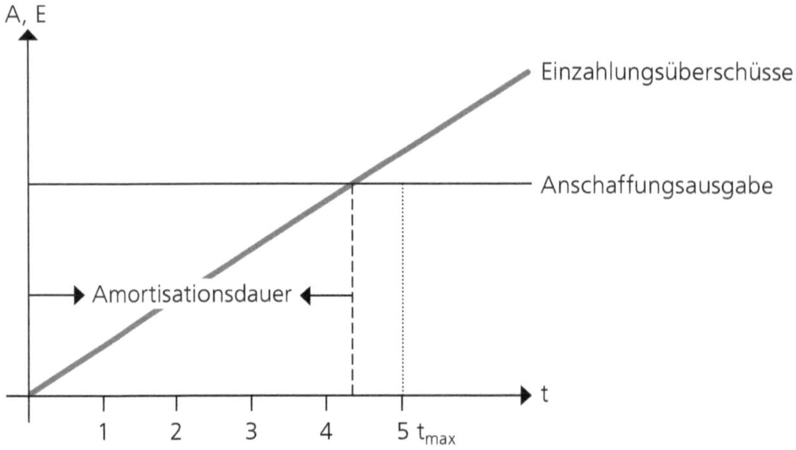

Beispiel

Amortisationsrechnung:

⇨ Anschaffungskosten (AK): 300.000 €

⇨ erwarteter Rückfluss innerhalb von 6 Jahren: 430.000 €

⇨ Fall a): konstante Rückflüsse

_ jährlicher Rückfluss: $\frac{430.000\ €}{6\ \text{Jahre}} = 71.666{,}67\ €$

_ Amortisationsdauer: $\frac{300.000\ €}{71.666{,}67\ €\ \text{pro Jahr}} = 4{,}19\ \text{Jahre}$

⇨ Fall b): nicht konstante Rückflüsse (tabellarische Lösung)

Jahr	Rückflussbetrag	Restbetrag von AK
1	40.000 €	-260.000 €
2	45.000 €	-215.000 €
3	85.000 €	-130.000 €
4	110.000 €	-20.000 €
5	90.000 €	70.000 €
6	60.000 €	130.000 €

21. Zweck und Ergebnis betrieblicher Budgets

⇨ Budgetbegriff: in der BWL bzw. in der betrieblichen Praxis nicht einheitlich definiert

⇨ Anlehnung an Etatbegriff der öffentlichen Finanzverwaltungen: »Budget« als Gegenüberstellung von Einnahmen und Ausgaben

⇨ Ausdehnung auf die gesamte Unternehmensplanung: zahlreiche Einzelbudgets

- Marketingbudget
- Investitionsbudget
- Personalbudget etc.

⇨ Budgetierung als Prozess, der alle Aktivitäten im Rahmen der Erstellung, Genehmigung, Durchsetzung und Anpassung von Budgets umfasst

⇨ Einbezug sämtlicher betroffener Mitarbeiter

⇨ Summe aller Einzelbudgets = Gesamtbudget

21.1 Reihenfolge von Budgetierung und Aktionsplanung

1. **Top-down-Ansatz:** Budgetierung → Aktionsplanung
2. **Bottom-up-Ansatz:** Budgetierung ← Aktionsplanung
3. **Gegenstromansatz:** Budgetierung ↔ Aktionsplanung

21.2 Aufstellen von Budgets

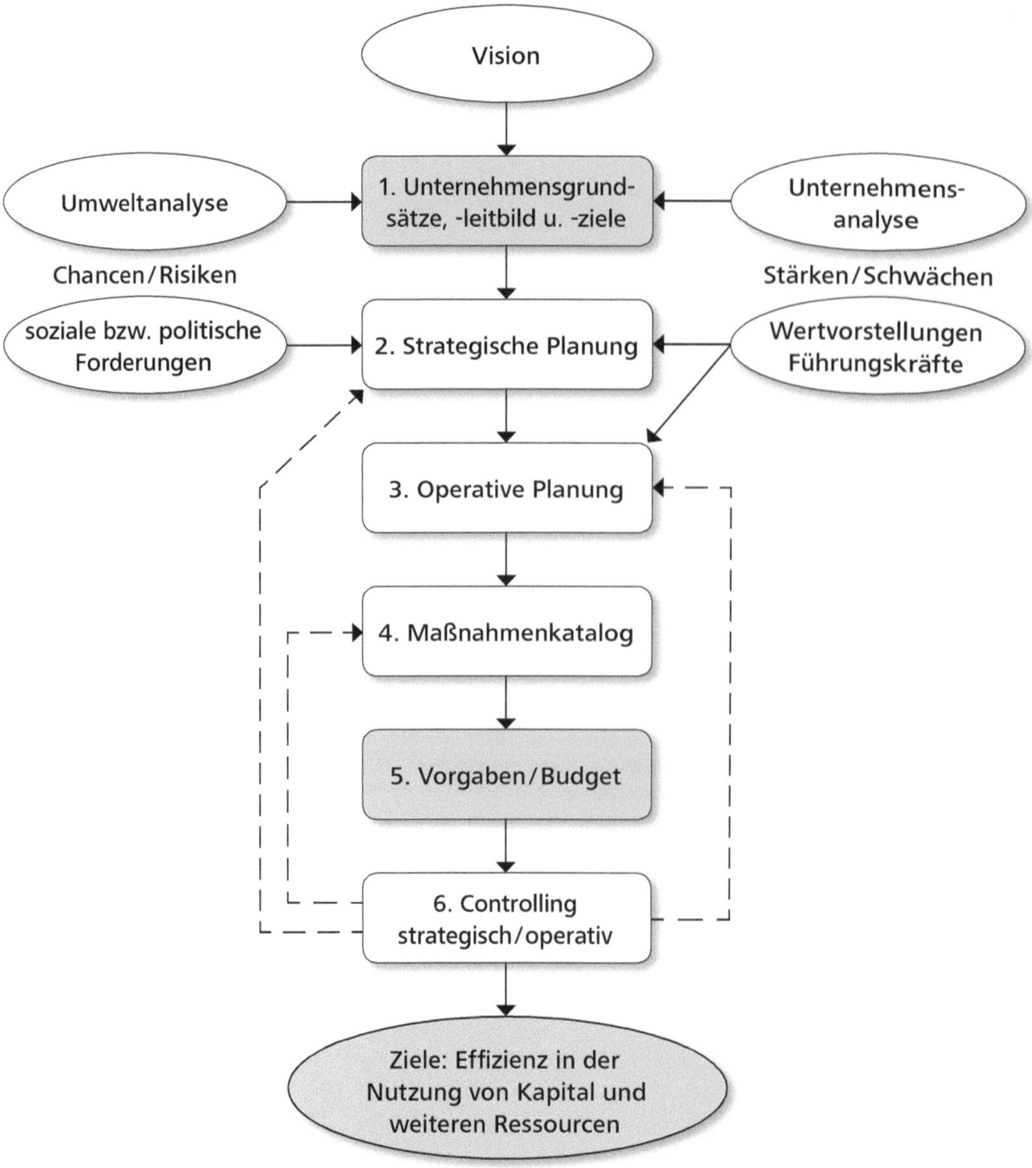

21.3 Maßnahmen zur Budgetkontrolle

- ⇨ Festlegung der Kontrollmaßstäbe
- ⇨ Erfassung der tatsächlichen Ergebnisse
- ⇨ Feststellung von Abweichungen
- ⇨ Abweichungsanalysen
- ⇨ Veranlassung korrigierender Maßnahmen

21.4 Maßnahmen zur Budgeteinhaltung

- ⇨ To Dos aus Abweichungsanalysen ableiten.
- ⇨ Ein Controlling einrichten, das einen Soll-Ist-Vergleich durchführt.
- ⇨ Budgetverantwortlicher darf keine »stillen Reserven« aufbauen.
- ⇨ Budgetverantwortlicher darf kein Etatdenken i. S. von »unbedingte Etatausschöpfung« entwickeln.
- ⇨ Einführung eines »Zero-Base-Budgeting« (= Budgetierungsprozess startet jede Periode wieder bei »NULL«, sodass Vorjahresbudgets bei der neuen Planung ignoriert werden.)

22. Elemente der Leistungsstatistik

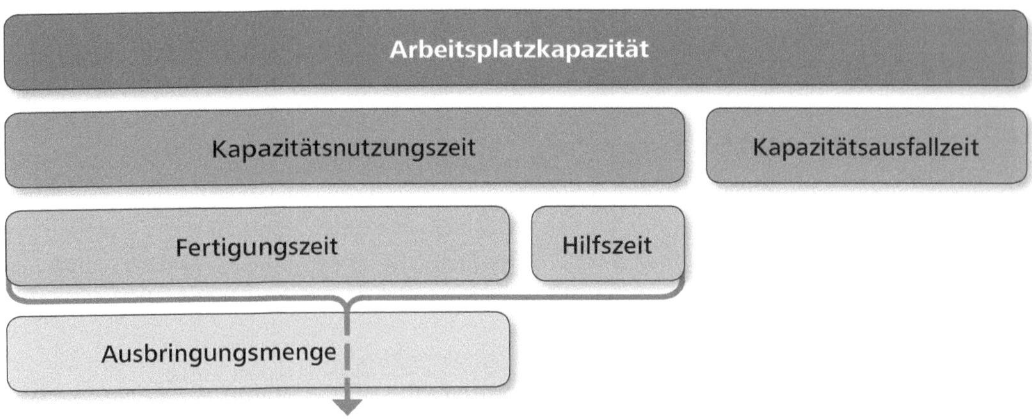

Fertigungszeit + Hilfszeit = Plankapazität

22.1 Fertigungszeit

- Die Fertigungszeit ist dem Kostenträger direkt zuzuordnen.
- Sie stellt die »verkaufbare Zeit« dar, die für die Erstellung des Auftrags in den jeweiligen Kostenstellen (Arbeitsplätzen) notwendig ist.
- Komponenten: Rüstzeit, Ausführungszeit, sonstige Fertigungszeit (kurze Wartezeiten während der Fertigung, Musteranfertigung für Kunden, Entwürfe)

22.2 Hilfszeit

- Aufrechterhaltung der Betriebsbereitschaft eines Arbeitsplatzes
- Beispiele: Maschinenpflege, Störungsbeseitigung, Reinigung Arbeitsplatz
- Indirekte Zurechnung zum Auftrag

22.3 Ausfallzeiten

- Mitarbeiterbezogene Ausfallzeiten werden in Form von Lohn bzw. Gehalt gezahlt.
- Es fallen dafür keine Hilfs- oder Fertigungsstunden an.
- Beispiele: Urlaubs- und Krankheitstage, bezahlte Pausen, Großreparaturen an Maschinen, Stillstandzeiten etc.

22.4 Kennzahlen in der Druck- und Medienindustrie

$$\text{Beschäftigungsgrad } B° = \frac{\text{Fertigungsstunden} + \text{Hilfsstunden}}{\text{Arbeitsplatzkapazität}} * 100$$

Der Beschäftigungsgrad informiert darüber, wie hoch der Arbeitsplatz aus zeitlicher Sicht ausgelastet ist (Wie viele Stunden wird an einem Arbeitsplatz gearbeitet?), unabhängig davon, ob diese Zeit auch wirklich produktiv genutzt wurde.

$$\text{Nutzungsgrad } N° = \frac{\text{Fertigungsstunden}}{\text{Fertigungsstunden} + \text{Hilfsstunden}} * 100$$

Der Nutzungsgrad stellt dar, in welchem Maß die Arbeitsstunden mit »reiner« Fertigungszeit (also produktiv) genutzt werden. Denn nur in der Fertigungszeit kann das Unternehmen auch Output erzeugen.

22.5 Beispielhafte Kapazitätsrechnung für einen Arbeitsplatz aus der Druck- und Medienindustrie (Vierfarben-Bogenoffsetdruckmaschine)

1-Schicht mit Ausgleich* (Annahme: 7-Std.-Schicht) (*Krankheitstage, bezahlte Arbeitsverhinderungen und Altersfreizeit)			
Planbeschäftigungsgrad (= Plankapazität [Std.] : Arbeitsplatzkapazität [Std.])		**88,05 %**	
Zeile		**Tage**	**Std.**
1	Kalendertage	365,0	2.555,0
2	- Samstage und Sonntage (5-Tage-Woche)	-104,0	-728,0
	zu entlohnende Zeit	261,0	1.827,0
3	- 10 Feiertage	-10,0	-70,0
4	**Arbeitsplatzkapazität**	**251,0**	**1.757,0**
5	- Urlaub	-30,0	-210,0
6	- bezahlte Arbeitsverhinderung	-2,5	-17,5
7	- Krankheit	-11,0	-77,0
8	- Freischichten	0,0	0,0
9	- Altersteilzeit	-0,1	-0,7
10	Mannkapazität	207,4	1.451,8
11	+ Überstunden	13,6	95,2
12	+ Springer/Aushilfen	0,0	0,0
13	**Plankapazität**	**221,0**	**1.547,0**

Erläuterung:

- ⇨ *Von den maximal möglichen Tagen eines Jahres werden die Wochenenden (Annahme: 5-Tage-Woche) und die Feiertage (Annahme: 10 Tage) abgezogen. Es ergibt sich die sog. Arbeitsplatzkapazität.*
- ⇨ *Die Arbeitsplatzkapazität wird um »Abwesenheitsfaktoren« wie Urlaub, bezahlte Arbeitsverhinderung etc. bereinigt. Man gelangt zur sog. Mannkapazität.*
- ⇨ *Sofern aufgrund kapazitativer Engpässe Überstunden anfallen oder Springer bzw. Aushilfen zum Einsatz kommen, vergrößert sich die Mannkapazität, ansonsten entspricht die Mannkapazität der sog. Plankapazität, die wiederum aus Fertigungszeiten und Hilfszeiten besteht.*
- ⇨ *Der Planbeschäftigungsgrad unseres Beispielarbeitsplatzes berechnet sich aus der allgemeinen Formel:* $B° = \frac{\text{Plankapazität}}{\text{Arbeitsplatzkapazität}} * 100$

22.6 Sollzeitermittlung

Zeitaufnahme

Die Zeitaufnahme ist eine Zeitstudie. Innerhalb dieser kommt es zu einer Beschreibung des Arbeitssystems (also der Arbeitsverfahren, der eingesetzten Arbeitsmethoden und der Arbeitsbedingungen). Danach werden für jeden Ablaufabschnitt

- ⇨ die Bezugsgröße,
- ⇨ die Einflussgröße,
- ⇨ die Leistungsgrade (Verhältnis von beeinflussbarer Ist-Mengenleistung zu beeinflussbarer Bezugs- oder Normalmengenleistung),
- ⇨ und die Ist-Zeiten

erfasst. Die darauf folgende Auswertung der Daten ergibt die Sollzeit je Ablaufabschnitt.

Schätzen und Vergleichen

- ⇨ Es findet hierbei ein Vergleich des Arbeitsablaufes, für den die Zeit zu bestimmen ist, mit ähnlichen Arbeiten statt, für die die Zeiten bereits vorliegen.
- ⇨ Beim Schätzen wird dann die Sollzeit für den Arbeitsablauf aus der Erinnerung oder Erfahrung bestimmt (sogenanntes vergleichendes Schätzen).
- ⇨ Insbesondere Branchenvergleiche (sog. Benchmarks) sind geeignet, Sollzeiten als Vorgabewerte zu bestimmen.
- ⇨ Allgemein versteht man unter Benchmarks eine vergleichende Analyse mit einem festgelegten Referenzwert.

Planzeiten

Planzeit = Sollzeit für bestimmte Aufgaben, deren Ablauf mithilfe von Einflussgrößen beschrieben ist (Zeitnorm, Richtzeit).

Die Vorteile der Verwendung von Planzeiten:

- ⇨ Wiederverwendbarkeit
- ⇨ Erleichterung von Kalkulationen
- ⇨ Bildung von Kennzahlen

TLA
TeleLearn-Akademie

Medienproduktion

Medienproduktion

1. Typografische Maßsysteme & Umrechnungsformeln

1.1 Didot

1 Punkt (p) = 0,375 mm   1 Cicero (c) = 4,5 mm

1.2 Point

Point (pt) = $\frac{1}{72}$ Inch = $\frac{2{,}54 \text{ mm}}{72}$ = 0,353 mm

1.3 Pica

Pica (pc) = 12 pt = $\frac{2{,}54 \text{ mm}}{6}$ = 4,233 mm

Die originalen Didot- und Pica-Werte werden heute in der Praxis nicht mehr verwendet.

1.4 Umrechnung Zentimeter in Inch

Für verschiedene Formeln kann es notwendig sein, Zentimeter in Inch (oder Zoll) bzw. umgekehrt umrechnen zu müssen.

Hierbei gilt: 1 Inch (bzw. Zoll) = 2,54 cm

Umrechnung Zentimeter in Inch (bzw. Zoll):

$$\frac{\textbf{Zentimeter}}{\textbf{2,54}} = \textbf{Inch (bzw. Zoll)}$$

Umrechnung Inch (bzw. Zoll) in Zentimeter:

Inch (bzw. Zoll) * 2,54 = Zentimeter

Beispiele

$\frac{50{,}8 \text{ cm}}{2{,}54}$ = 20 Inch (bzw. Zoll)

30 Inch (bzw. Zoll) * 2,54 = 76,2 Zentimeter

2. Formeln rund um das Thema Densitometrie

Die optische Dichte D von Vorlagen, Drucken und fotografischen Materialien wird in der Densitometrie gemessen. Die zur Dichtebestimmung erforderlichen Messgeräte sind Densitometer. Bei der densitometrischen Messung gibt es keine absoluten Größen wie z.B. die Beleuchtungsstärke E (Einheit Lux), sondern nur dimensionslose Kenngrößen. Die auftrefffende Lichtintensität Io ist der Ausgangswert zur Messung. Diese Lichtintensität wird – unabhängig von ihrem absoluten Wert – immer zu 100 % gesetzt.

2.1 Opazität

Opazität O = Lichtdurchlässigkeit

Die Opazität O ist das Verhältnis der auftreffenden Lichtintensität I_0 zur durchgelassenen Intensität I_1.

$$\frac{I_0}{I_1} = O$$

2.2 Transparenz

Transparenz T = Lichtdurchlässigkeit

Die Transparenz T ist der Kehrwert der Opazität O, d. h. das Verhältnis der durchgelassenen Lichtintensität I_1 zur auftreffenden Lichtintensität I_0.

$$\frac{I_1}{I_0} = T$$

2.3 Dichte

Dichte D

Durch das menschliche Auge werden Helligkeitsunterschiede nicht linear empfunden, sondern logarithymisch. Aus diesem Grund wird die Dichte D aud dem Logarithmius der Opazität O errechnet.

$$10^{O} = D$$

2.4 Rastermessung im Druck

Im Druck wird die Flächendeckung mittels der Murray-Davies-Formel berechnet.

$$\frac{(10^{-DB} - 10^{-DR})}{(10^{-DB} - 10^{-DV})} = \frac{(R_B - R_R)}{(R_B - R_V)} = F$$

Hierbei gilt:

für den Bedruckstoff:
Farbdichte = D_B
Remission = R_B

für die Rasterfläche:
Farbdichte = D_R
Remission = R_R

für den Vollton:
Farbdichte = D_V
Remission = R_V

2.5 Rastermessung auf der Druckform

Auf einer Druckform muss die geometrische Flächendeckung gemessen werden, nicht die optisch wirksame. Deshalb wird das Ergebnis der Berechnung nach der Murray-Davies-Formel noch mit dem Yule-Nielsen-Faktor n korrigiert.

$$\frac{(1 - 10^{-DR/n})}{(1 - 10^{-DV/n})} = F$$

2.6 Farbabstand Delta E

Beim Vergleich von Farben lässt sich das menschliche Auge leicht täuschen. Eine objektive Vergleichbarkeit ist aber z. B. im Druck beim Vergleich einer Farbe der Vorlage mit einer Farbe der gedruckten Reproduktion notwendig. Hier bietet der Wert ΔE Hilfe – er gibt den Farbabstand zweier Farben in Zahlen an.

$$\Delta E = \sqrt{(\Delta L^*)^2 + (\Delta a^*)^2 + (\Delta b^*)^2}$$

Für diesen errechneten Farbabstand können folgende Beurteilungen angewandt werden:

ΔE 0,0 – 0,5 = kein bis fast kein sichtbarer Unterschied
ΔE 0,5 – 1,0 = Unterschied kann für ein geübtes Auge bemerkt werden
ΔE 1,0 – 2,0 = merklich sichtbarer Farbunterschied
ΔE 2,0 – 4,0 = stark sichtbarer Farbunterschied
ΔE ab 4.0 = in der Druckproduktion nicht tolerierbarer Farbunterschied

3. Formeln rund um das Thema Scanner

Entscheidend für die Berechnung der erforderlichen Scanauflösung sind folgende Faktoren:

- ⇨ Rasterweite der Ausgabe (l/cm oder lpi)
- ⇨ verwendeter Qualitätsfaktor (QF)
- ⇨ Skalierungsfaktor (SF)

3.1 Rasterweite der Ausgabe

Hiermit ist die Rasterweite gemeint, mit der das gescannte Bild letztendlich auf einem Ausgabegerät (z. B. Digitaldruckmaschine oder Druckplattenbelichter) ausgegeben wird. Diese Rasterweite wird in Linien pro Zentimeter (l/cm) oder in Lines per Inch (lpi) angegeben.

3.1.1 Umrechnung l/cm in lpi

l/cm * 2,54 = lpi

Beispiel

60 l/cm * 2,54 = 152 lpi

3.2 Verwendeter Qualitätsfaktor

Der Qualitätsfaktor ist entscheidend für die später sichtbare Qualität des gescannten Bildes nach der Ausgabe. Als Qualitätsfaktor wird für eine Produktion im Print-Bereich der Faktor 2 angenommen. Ein darunterliegender Qualitätsfaktor verschlechtert die Wiedergabe des gescannten Bildes, ein darüberliegender Qualitätsfaktor vergrößert lediglich den zu speichernden Datenbestand.

3.3 Skalierungsfaktor

Mit dem Skalierungsfaktor wird festgelegt, um welchen Faktor ein Bild schon beim Scan-Vorgang vergrößert wird. Wird ein Bild erst später in einer Layoutsoftware vergrößert, sinkt damit die DPI-Zahl des Bildes beider Ausgabe!

3.3.1 Berechnung des Skalierungsfaktors

$$\frac{\text{Reproduktionsgröße}}{\text{Vorlagengröße}} = \text{Skalierungsfaktor}$$

Beispiel

$$\frac{\text{20 cm (Bildbreite bei der Ausgabe)}}{\text{10 cm (Bildbreite der Vorlage)}} = \text{Skalierungsfaktor 2}$$

Ein eventuell notwendiger Anschnitt/Beschnitt bei der Ausgabe muss berücksichtigt werden!

3.4 Berechnung der Scanauflösung

Scanauflösung (dpi) =
Rasterweite (lpi) * Qualitätsfaktor (QF) * Skalierungsfaktor (SF)

Beispiel

- ⇨ Rasterweite der Ausgabe: 60 l/cm
- ⇨ verwendeter Qualitätsfaktor: 2
- ⇨ Skalierungsfaktor: 1,5

Umrechnung 60 l/cm (Linien pro cm) in lpi (Linien pro Inch)
= 60 * 2,54
= 152 lpi

Scanauflösung
= 152 lpi * 2 * 1,5
= 456 dpi

4. Formeln rund um das Thema Bilddaten

4.1 Datentiefe

Um Berechnungen z. B. von Dateigrößen durchführen zu können, muss bekannt sein, welche Datentiefe der jeweilige Farbraum hat.

$$\text{Datentiefe} = \frac{\text{Anzahl der Tonwertstufen}}{\text{Pixel}} * \text{Anzahl der Farbkanäle}$$

Beispiele

Bitmap	=	1 Bit/Pixel * 1 Kanal	=	1 Bit/Pixel
Graustufen	=	8 Bit/Pixel * 1 Kanal	=	8 Bit/Pixel
RGB	=	8 Bit/Pixel * 3 Kanäle	=	24 Bit/Pixel
CMYK	=	8 Bit/Pixel * 4 Kanäle	=	32 Bit/Pixel

Somit ergibt

Datentiefe 1 Bit	=	2^0	=	2 Farben
Datentiefe 8 Bit	=	2^8	=	256 Farben
Datentiefe 10 Bit	=	2^{10}	=	1.024 Farben
Datentiefe 12 Bit	=	2^{12}	=	4.096 Farben
Datentiefe 16 Bit	=	2^{16}	=	65.538 Farben
Datentiefe 32 Bit	=	2^{32}	=	4.294.967.296 Farben

4.2 Dateigrößen

Die Größe einer gespeicherten Bilddatei ergibt sich aus der Größe der eigentlichen Bilddaten und eines Vorspanns, des Datei-Headers. Dieser Header ist in der Regel nur wenige Byte groß, sodass er eigentlich vernachlässigt werden kann.

Datengröße in Bit
= Breite des Bildes in Pixel * Höhe des Bildes in Pixel * Datentiefe (Bit/Pixel)

In dieser grundsätzlichen Formel wird eine Umrechnung in Byte, Kilobyte oder Megabyte nicht berücksichtigt. Das Ergebnis muss dann noch durch 8 (Byte) und 1.024 (Kilobyte) bzw. noch durch 1.024 (Megabyte) geteilt werden.

Beispiel

Bezogen auf ein CMYK-Bild:

1.600 px * 1.200 px * 32 Bit/Pixel = 61.440.000 Bit

$$\frac{61.440.000 \text{ Bit}}{8 / 1.024 / 1.024} = 7{,}32 \text{ Megabyte}$$

4.3 Datenkompression

Wenn Bilddaten gespeichert werden, können unterschiedliche Kompressionsarten zum Einsatz kommen. Dies können verlustfreie oder verlustbehaftete Kompressionsarten sein.

Bei diesen Verfahren kann die Angabe der Kompressionswerte auf verschiedene Weise erfolgen:

Kompressionswert als prozentualer Wert der Dateiänderung

$$\frac{\text{komprimierte Datei}}{\text{unkomprimierte Datei}} * 100 = \text{Kompressionswert in \%}$$

Beispiel

$$\frac{\text{15 Megabyte}}{\text{45 Megabyte}} * 100 = 33{,}333\ \%$$

Kompressionswert als Kompressionsfaktor

$$\frac{\text{komprimierte Datei}}{\text{unkomprimierte Datei}} = \text{Kompressionsfaktor}$$

Beispiel

$$\frac{\text{20 Megabyte}}{\text{40 Megabyte}} = 0{,}5$$

5. Formeln rund um das Thema Datenausgabe

Bei einer Datenausgabe auf einem Druckplatten- oder Filmbelichter oder einem Drucker lassen sich die folgenden Werte rechnerisch ermitteln:

- ⇨ Belichterauflösung
- ⇨ Rasterweite in der Ausgabe
- ⇨ Anzahl der Tonwertstufen
- ⇨ Breite einer Rasterzelle
- ⇨ Spotgröße
- ⇨ Größe eines Recorderelements/Pixelgröße
- ⇨ Rastertonwert

5.1 Belichterauflösung

Die Belichterauflösung ist abhängig von zwei Faktoren:

- ⇨ Anzahl der angestrebten Tonwerte
- ⇨ Rasterweite

$$\sqrt{\text{Anzahl der Tonwerte - (1)}} * \text{Rasterweite (lpi)} = \text{Belichterauflösung}$$

Anmerkung:
Bezogen auf die Annahme, dass eine unbelichtete Rasterzelle kein belichtetes Pixel enthält, reduziert sich die Anzahl der Tonwerte um 1. Im Allgemeinen entsprechen die Anzahl der Tonwertstufen dem Wert einer 2er-Potenz wie z. B. 256 für 28.

Beispiel

$\sqrt{256 - 1} * 152 \text{ lpi} = 2.280 \text{ dpi}$ Belichterauflösung

5.2 Rasterweite & Anzahl der Tonwertstufen

Wenn die Auflösung eines Augabegerätes bzw. Ausgabeprozesses bekannt ist, kann entweder die Anzahl der Tonwertstufen oder die maximale Rasterweite bzw. Rasterfrequenz errechnet werden.

5.2.1 Anzahl der Tonwerte

$$\frac{\text{Belichterauflösung (dpi)}}{\text{Rasterfrequenz (lpi)}} + (1) = \text{Anzahl der Tonwerte}$$

Beispiel

$$\frac{2.400 \text{ dpi}}{150 \text{ lpi}} + 1 = 17$$

5.2.2 Rasterfrequenz (lpi)

$$\frac{\text{Belichterauflösung (dpi)}}{\sqrt{\text{Anzahl der Tonwerte - (1)}}} = \text{Rasterfrequenz (lpi)}$$

Beispiel

$$\frac{2.400 \text{ dpi}}{\sqrt{17 - 1}} = 581 \text{ lpi}$$

5.2.3 Rasterweite (l/cm)

$$\frac{\text{Belichterauflösung (dpi)}}{\text{Anzahl der Tonwerte - (1)} * 2{,}54} = \text{Rasterweite (l/cm)}$$

Beispiel

$$\frac{2.400 \text{ dpi}}{17 - 1 * 2{,}54} = \frac{2.400 \text{ dpi}}{40{,}64} = 59 \text{ l/cm}$$

5.3 Breite einer Rasterzelle

Bei einer Datenausgabe auf einen Belichter oder auf einen Drucker wird jedem Rasterpunkt eine quadratische Rasterzelle zugeordnet. Diese wird entsprechend dem angestrebten Tonwert mit Pixeln gefüllt. Die Seitenlänge bzw. Größe einer Rasterzelle ergibt sich aus der Rasterfrequenz und der Belichterauflösung.

$$\frac{\text{Belichterauflösung (dpi)}}{\text{Rasterfrequenz (lpi)}} = \text{Seitenlänge der Rasterzelle (Pixel)}$$

Beispiel

$$\frac{2.400 \text{ dpi}}{150 \text{ lpi}} = 16 \text{ Pixel}$$

5.4 Recorderelementgröße & Spotgröße

Bei einer Belichtung oder einem Druck auf einen Laserdrucker sind das Pixel und der Spot (Belichtungspunkt) die kleinsten Elemente.

$$\frac{25.400\ \mu m}{\text{Belichterauflösung (dpi)}} = \text{Pixel- bzw. Recorderelementgröße } (\mu m)$$

Beispiel

$$\frac{25.400\ \mu m}{2.400\ dpi} = 10{,}58\ \mu m$$

Um bei der Belichtung oder dem Druck auf einem Laserdrucker eine ausreichende Flächendeckung zu erzielen, entspricht der Spotdurchmesser – vereinfacht angenommen – der Diagonalen des Recorderelements.

$$\frac{25.400\ \mu m * \sqrt{2}}{\text{Belichterauflösung (dpi)}} = \text{Spotgröße } (\mu m)$$

Beispiel

$$\frac{35.921}{2.400\ dpi} = 14{,}97\ \mu m$$

5.5 Rastertonwert

Jede Rasterzelle hat eine maximale Anzahl von Pixeln, die einzeln belichtet werden können. Aus dem Verhältnis der maximal belichtbaren Pixel (was 100 % entspricht) und den tatsächlich belichteten Pixeln innerhalb einer Rasterzelle ergibt sich der theoretische Rastertonwert.

$$\frac{\text{Anzahl der belichteten Pixel}}{\text{max. Anzahl der Pixel}} * 100\,\% = \text{Rastertonwert (\%)}$$

Beispiel

$$\frac{45}{100} * 100\,\% = 45\,\%$$

6. Formeln rund um das Thema Papier

Der Normenausschuss für das grafische Gewerbe hat Normformate festgelegt. Das Seitenverhältnis aller Formate ist $1 : \sqrt{2}$, also gleich dem Verhältnis der Seite eines Quadrats zu seiner Diagonalen.

Das Ausgangsformat ist das Format A0 (841 mm * 1.189 mm), dessen Fläche 1 m^2 ist. Durch fortgesetztes Falzen des Grundformats ergeben sich die Teilformate.

Die Klassennummern (A1, A2 ...) bezeichnen die Anzahl der Falzungen.

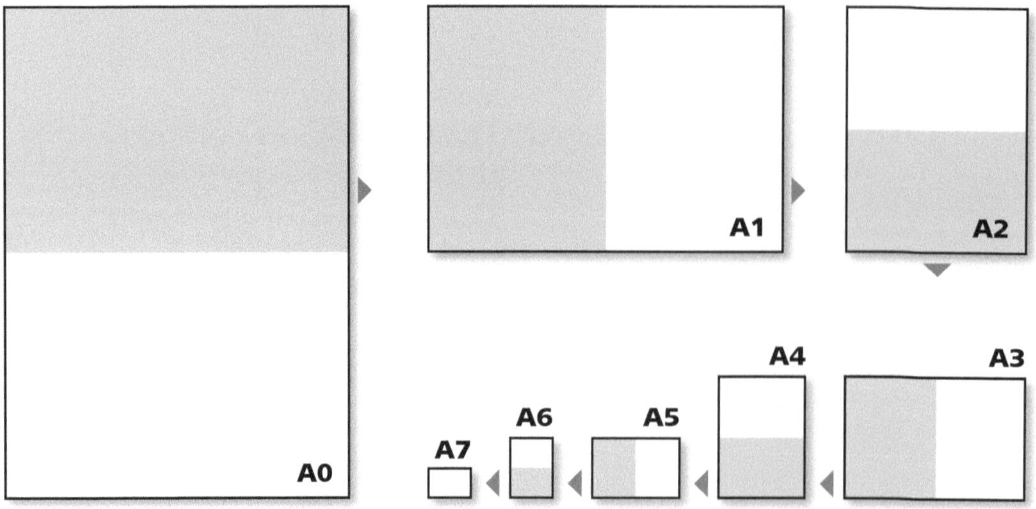

6.1 Papierformate

Papierformate (in cm)								
A0	84,1 * 118,9	B0	100,0 * 141,4	C0	91,7 * 129,7	D0	77,1 * 109,1	Vierfachbogen
A1	59,4 * 84,1	B1	70,7 * 100,0	C1	64,8 * 91,7	D1	54,5 * 77,1	Doppelbogen
A2	42,0 * 59,4	B2	50,0 * 70,7	C2	45,8 * 64,8	D2	38,5 * 54,5	Bogen
A3	29,7 * 42,0	B3	35,3 * 50,0	C3	32,4 * 45,8	D3	27,2 * 38,5	Halbbogen
A4	21,0 * 29,7	B4	25,0 * 35,3	C4	22,9 * 32,4	D4	19,2 * 27,2	Viertelbogen
A5	14,8 * 21,0	B5	17,6 * 25,0	C5	16,2 * 22,9	D5	13,6 * 19,2	Blatt/Achtelbogen
A6	10,5 * 14,8	B6	12,5 * 17,6	C6	11,4 * 16,2	D6	9,6 * 13,6	Halbblatt
A7	7,4 * 10,5	B7	8,8 * 12,5	C7	8,1 * 11,4	D7	6,8 * 9,6	Viertelblatt
A8	5,2 * 7,4	B8	6,2 * 8,8	C8	5,7 * 8,1			Achtelblatt
A9	3,7 * 5,2	B9	4,4 * 6,2	C9	4,0 * 5,7			

6.2 Vergrößerung, Verkleinerung

Der Ursprung der DIN A-Formate ist der Quadratmeter, aufgeteilt auf ein Rechteck im Seitenverhältnis von 1 : 1,414 (exakt: $1 : \sqrt{2}$) = DIN A0.

Jedes kleinere Format entsteht durch Halbierung der Längsseite des größeren Formats (und ggf. Rundung des Wertes). Die Fläche halbiert sich dadurch.

Der entsprechende Verkleinerungsfaktor ist der Kehrwert aus der Quadratwurzel aus 2 (Faktor: 71 % = 0,71).

Ausgangsgröße * 0,71 = halbierte Ausgangsgröße

Beim Vergrößern verdoppelt sich die Fläche (Faktor: 141 % = 1,41).

Ausgangsgröße * 1,41 = verdoppelte Ausgangsgröße

6.3 Papierbedarfsberechnung

Für den Druck eines Buches muss zur Papierbestellung ermittelt werden, wie viele Druckbogen benötigt werden.

$$\frac{\text{(Auflage + Zuschuss)} * \text{Seitenzahl}}{\text{Seiten- bzw. Nutzenzahl pro Druckbogen}} = \text{Papierbedarf}$$

Beispiel

$$\frac{(20.000 + 3\,\%) * 200}{8} = 2.575 \text{ Bogen}$$

6.4 Papierflächenberechnung

Es kann notwendig sein, die Fläche eines Papiers in m^2 zu kennen.

$$\frac{\text{Länge (cm)} * \text{Breite (cm)}}{10.000} = \text{Fläche in } m^2$$

Beispiel

$$\frac{61 \text{ cm} * 86 \text{ cm}}{10.000} = 0{,}5246 \text{ m}^2$$

6.5 Bogengewichtsberechnung

Das Gewicht eines Papiers wird immer in Gramm pro Quadratmeter (g/m²) angegeben. Für eine Produktion kann es aber wichtig sein, das genaue Gewicht des kleineren eingesetzten Papierbogens zu kennen.

$$\frac{\textbf{Länge (cm)} * \textbf{Breite (cm)} * \textbf{Quadratmetergewicht}}{\textbf{10.000}} = \textbf{Bogengewicht in Gramm}$$

Beispiel

$$\frac{61\ \text{cm} * 86\ \text{cm} * 80\ \text{g/m}^2}{10.000} = 41{,}968\ \text{g (gerundet} = 42\ \text{g)}$$

6.6 Papierdickenberechnung

Unter Volumen versteht man den Rauminhalt eines Körpers. Das Volumen eines Papiers zeigt das Verhältnis seiner Dicke zu seinem Gewicht in g/m². Bei normal gearbeitetem Papier mit normaler Glätte spricht man hinsichtlich seines Rauminhalts von einfachem Volumen oder 1/1 Volumen. Bei gleichem Quadratmetergewicht ist ein Papier umso griffiger, je voluminöser es ist.

$$\frac{\textbf{Flächenmasse} * \textbf{Volumen}}{\textbf{1.000}} = \textbf{Dicke in mm}$$

Beispiel

$$\frac{80\ \text{g/m}^2 * 1{,}5\text{-faches Volumen}}{1.000} = 0{,}12\ \text{mm Dicke}$$

7. Formeln rund um die Druckweiterverarbeitung

7.1 Buchdeckelberechnung

Bei der Berechnung der benötigten Bogenanzahl für Deckelpappen ist zu berücksichtigen, dass jede Einbanddecke aus 2 Deckeln besteht!

$$\frac{\text{Auflage (Decken)} * 2}{\text{Nuten pro Bogen}} = \text{Bogenzahl}$$

Beispiel

$$\frac{1.600 * 2}{8 \text{ Nutzen}} = 400 \text{ Bogen}$$

7.2 Heftdrahtberechnung

Bei der Rückstichheftung muss der Verbrauch des Runddrahts für die Klammer berechnet werden.

$$\text{Klammerlänge} * 2 = \text{Drahtlänge der Klammer}$$

7.3 Klebstoffberechnung

Auch die Menge des Klebstoffs bei einer Klebebindung muss errechnet werden. Erfahrungswerte über den Verbrauch bei entsprechenden sogenannten Kleblingen sind Ausgangspunkt der Klebstoffberechnung. Der Verbrauch wird in Kilogramm pro m^2 angegeben.

$$\frac{\text{Auflagehöhe} * \text{zu bestreichende Fläche pro Stück}}{\text{bestreichbare Fläche in kg}} = \text{Gesamtbedarf in kg}$$

7.4 Heftzwirnberechnung

Bei der Berechnung des Heftzwirns wird eine Übereinkunft vorausgesetzt, da es viele verschiedene Möglichkeiten der Heftung gibt, welche nicht in diese Berechnung einfließen werden: Für jeden Bogen wird das 1,5-fache der Deckelhöhe an Zwirnlänge genommen. Der Leerstich, der am Schluss jeden Blocks vorhanden ist, wird als Bogen gerechnet.

$$\frac{\text{Bogen}}{\text{Block} + 1} * \text{Deckelhöhe} * \text{Auflage} * 1{,}5 = \text{Verbrauch an Heftzwirn}$$

8. Nutzenberechnung

Um zu ermitteln, wie viele Seiten eines Buches auf ein bestimmtes Papierformat oder beispielsweise auch wie viele Nutzen eines Aufklebers auf ein bestimmtes Papierformat passen, wird die Nutzenberechnung angewandt.

8.1 Besonderheiten bei der Nutzenberechnung

- ⇨ Das Nutzenprodukt für ein Buch, eine Broschur oder ähnliche später zu falzende Produkte muss eine durch 4 teilbare Menge an Seiten (Nutzen) aufweisen.
- ⇨ Je nach verwendetem Maschinenpark und Druckweiterverarbeitung können auch 6 oder 12 Seiten (Nutzen) möglich sein. Dies muss aber im Vorfeld einer Produktion geklärt werden!
- ⇨ Für die Berechnung von einzelnen später nicht zu falzenden Produkten kann bei der Nutzenberechnung auch ein ungerades Ergebnis korrekt sein.
- ⇨ Die Laufrichtung des verwendeten Papieres ist – wenn bekannt – immer in die Berechnung mit einzubeziehen.
- ⇨ Sinnvollerweise wird das Bogenformat und das Nutzenformat untereinander geschrieben und die Breite und die Länge jeweils vertikal dividiert.

8.2 Formel zur Nutzenberechnung

$$\frac{\text{Bogenformat}}{\text{Nutzenformat}} = \text{Nutzenanzahl pro Druckform}$$

Beispiel

Ausgangssituation:

Buchformat 24 cm * 33 cm, Druckbogenformat 70 cm * 100 cm

Rechnung 1:

Bogenformat:	70 cm * 100 cm	
Nutzenformat:	24 cm * 33 cm	
Nutzenzahl:	2 * 3	= 6 Nutzen pro Druckform

Rechnung 2:

Bogenformat:	70 cm * 100 cm	
Nutzenformat:	33 cm * 24 cm	
Nutzenzahl:	2 * 4	= 8 Nutzen pro Druckform

Somit ergibt Rechnung 2 hier die günstigere Ausnutzung des Bogenformats.

Achtung!

Die hier gezeigte Nutzenberechnung bezieht sich immer nur auf eine Seite des Druckbogens (erste Druckform = Schöndruck). Die gleiche Anzahl der Nutzen befindet sich auf der Rückseite des Druckbogens (zweite Druckform = Widerdruck). Die entsprechende Druckart (Schön- und Widerdruck, Umschlagen o. ä.) muss für die Nutzenanzahl des gesamten Druckbogens entsprechend berücksichtigt werden!

Beispiel

Die errechnete Nutzenzahl ist 8, das Produkt wird im Schön- und Widerdruck gedruckt. Also sind insgesamt 8 + 8 = 16 Seiten (Nutzen) auf dem gesamten Druckbogen vorhanden.

9. Ausschießen

Ausschießen ist das Verfahren, das die Druckseiten von Werken auf dem Druckbogen positioniert, sodass sie im fertigen Werk in der richtigen Reihenfolge angeordnet sind. Die Anordnung der Seiten ist zum einen abhängig von der Art und Weise, wie der Druckbogen gewendet wird. Zum anderen muss die Art und Weise der Weiterverarbeitung bekannt sein, da das Ausschießmuster von der Druckweiterverarbeitung abhängt. Die Seiten sind so angeordnet (montiert), dass durch die Druckweiterverarbeitung (z. B. Falzen) ein Produkt mit fortlaufenden Seitennummern entsteht. Dieses Ausschießen findet ausschließlich mit Daten vollelektronisch und teilweise auch vollautomatisch statt.

9.1 Ausschießregeln

- ⇨ Die erste und die letzte Seite eines Druckbogens stehen immer nebeneinander, also z. B. 1 + 4 oder 1 + 8 oder 1 + 16.
- ⇨ Der letzte Falz liegt immer im Bund.
- ⇨ Die Seiten, die im Bund nebeneinanderstehen, ergeben bei der Addition ihrer Seitenzahlen immer die gleiche Summe wie bei der Addition der ersten und der letzten Seite eines Druckbogens.
- ⇨ Die erste Seite bzw. alle übrigen Seiten mit ungeraden Seitenzahlen stehen rechts vom Bund. Alle Seiten mit geraden Seitenzahlen stehen links vom Bund.
- ⇨ Durch Aufstellung einer Viererzahlenreihe lässt sich ermitteln, welche Seiten der jeweiligen Druckformhälfte zugeordnet werden.

Beispiel

16-seitiger Druckbogen

01	02	03	***04***
05	06	07	***08***
09	10	11	***12***
13	14	15	***16***

Die links bzw. rechts außen stehende, fett-kursive Zahlenreihe gehört zur äußeren Druckform, die innen stehenden Zahlen zur inneren Druckform.

9.2 Ausschießbeispiele

Nachfolgend sind einige Beispiele für ausgeschossene Druckbogen inkl. ihrer Ansicht in später gefalztem Zustand zu sehen. Ebenfalls angegeben ist die Falzart bzw. die Anzahl der Falzungen.

Die abgebildeten Zahlen ohne Kreis sind die Seitenzahlen auf der zu vorderst liegenden Seite des Druckbogens, die Zahlen im Kreis sind die eigentlich unsichtbaren Zahlen auf der Rückseite des Druckbogens.

4 Seiten Hochformat, Einbruch-Falz

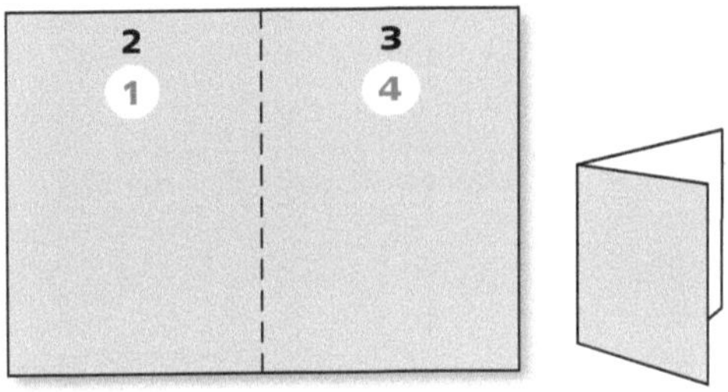

8 Seiten Querformat, Zweibruch-Kreuzfalz

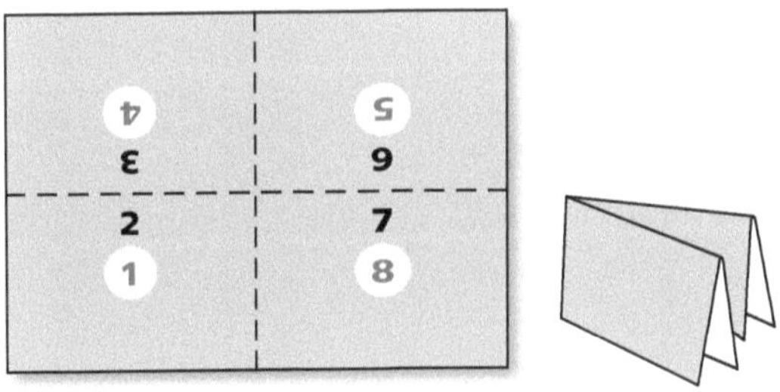

8 Seiten Hochformat, Zweibruch-Kreuzfalz

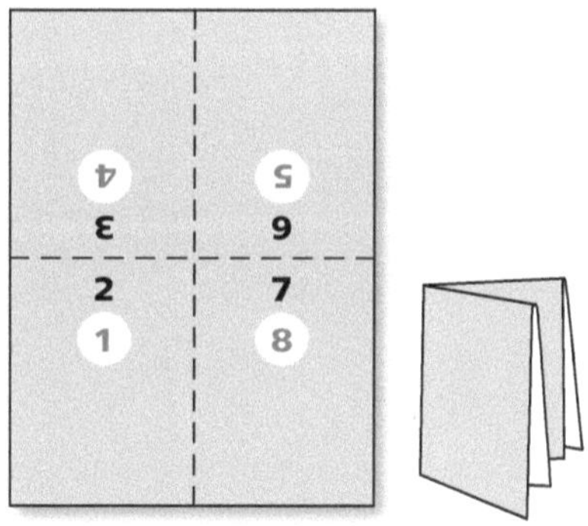

16 Seiten Querformat, Dreibruch-Kreuzfalz

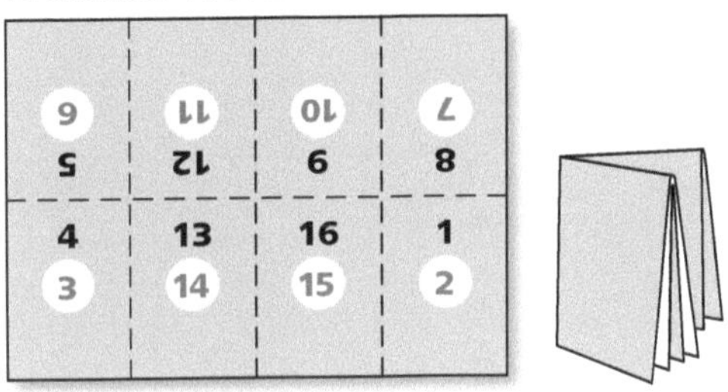

16 Seiten Hochformat, Dreibruch-Kreuzfalz

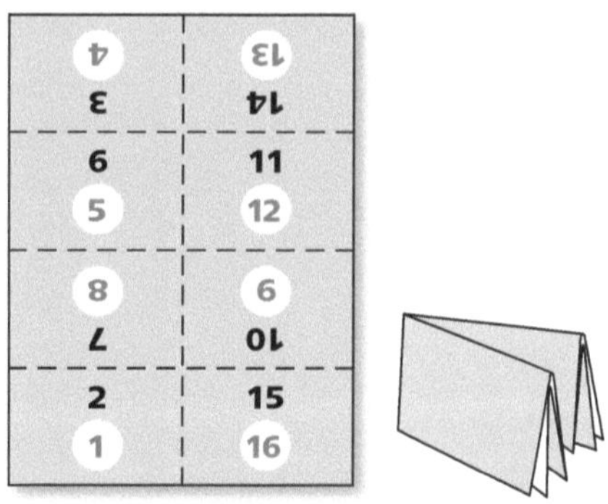

10. Druckbogenmarken

Bevor ein Produkt in den Druck gehen kann, werden auf dem elektronisch ausgeschossenen Druckbogen Marken positioniert, die sowohl für den Druck als auch für die Druckweiterverarbeitung entsprechende Bedeutungen haben.

10.1 Beschnittmarken

Beschnittmarken dienen zur Kennzeichnung der Stellen auf dem Bogen, an denen er auf sein endgültiges Format geschnitten werden soll.

10.2 Falzmarken

Falzmarken dienen zur Kennzeichnung der Stellen auf dem Bogen, an denen er gefalzt werden soll.

10.3 Anlagemarken

Anlagemarken dienen zur Kennzeichnung der Richtung des Einlaufens des Bogens in die Druck- bzw. Falzmaschine.

10.4 Passmarken (Passer)

Passmarken dienen zur Kontrolle des exakten Übereinanderdrucks der Farben.

10.5 Registermarken

Registermarken dienen zur Kontrolle des exakten Übereinanderdrucks von Vorder- und Rückseite hinsichtlich des Satzspiegels.

10.6 Flattermarken

Flattermarken dienen zur Kontrolle der richten Reihenfolge der Falzbogen beim Zusammentragen.

10.7 Druckkontrollstreifen

Druckkontrollstreifen dienen zur Kontrolle der Druckqualität (z. B. Farbe, Dichte, Tonwertzuwachs) Dazu gehören der Graukeil oder ein Farbkontrollstreifen.

11. Papierlaufrichtung

Wenn der Papierbrei bei der Papierproduktion in der Maschine über das Endlossieb läuft, richten sich die Papierfasern entsprechend der Laufrichtung aus. Je nachdem, wie das Papier dann aus dieser Papierbahn herausgeschnitten wird, wird es als Schmalbahn (SB) oder Breitbahn (BB) bezeichnet.

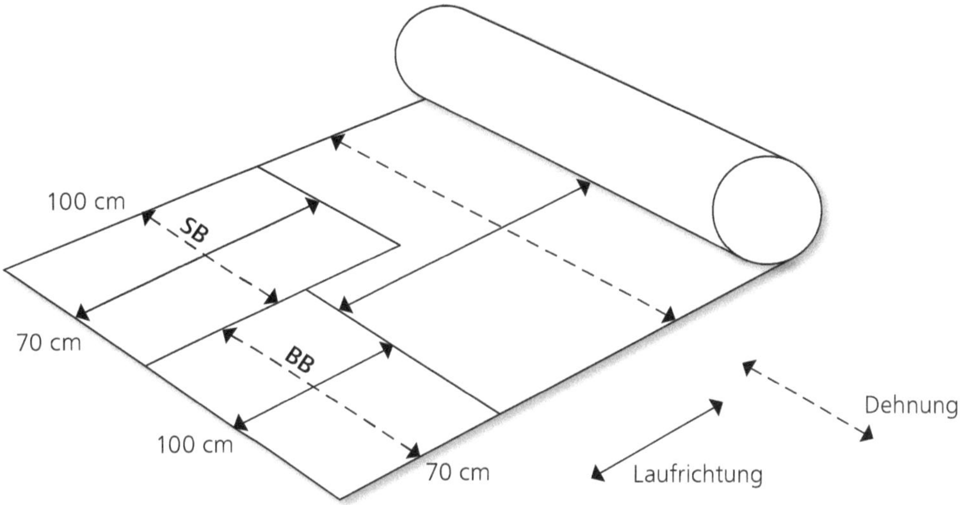

11.1 Schmalbahn (SB)

Hierbei zeigt die Laufrichtung zur Schmalseite (kurze Kante) des Bogens.

11.2 Breitbahn (BB)

Hierbei zeigt die Laufrichtung zur Breitseite (breite Kante) des Bogens.

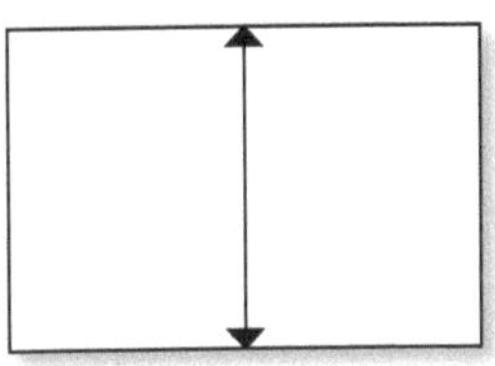

11.3 Anwendung von Schmalbahn und Breitbahn in der Praxis

In der Regel muss für Druckerzeugnisse die Laufrichtung parallel zum Bund verlaufen. Deshalb ist die Anwendung von Schmalbahn oder Breitbahn abhängig von den auszuführenden Falzbrüchen. Im Folgenden sind als Beispiel die Angaben über die notwendige Laufrichtung des Druckbogens bei einem Umfang von bis zu 32 Seiten (im Schön- und Widerdruck) zu sehen. Die gestrichelte Linie zeigt hierbei die Falzbrüche, die Linie mit Pfeilen die Laufrichtung an.

4 Seiten Hochformat

Druckbogen in BB. Die Laufrichtung zeigt zur Breitseite (breite Kante) des Bogens.

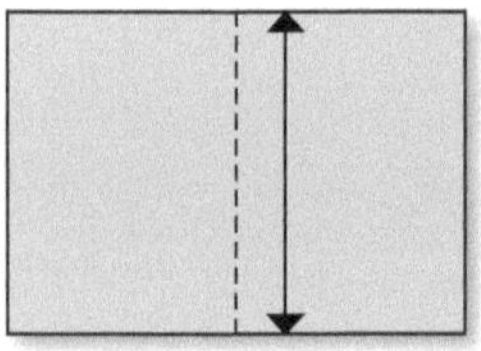

4 Seiten Querformat

Druckbogen in BB. Die Laufrichtung zeigt zur Breitseite (breite Kante) des Bogens.

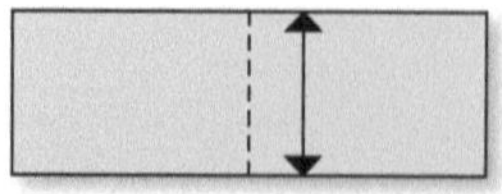

8 Seiten Hochformat

Druckbogen in SB. Die Laufrichtung zeigt zur Schmalseite (kurze Kante) des Bogens.

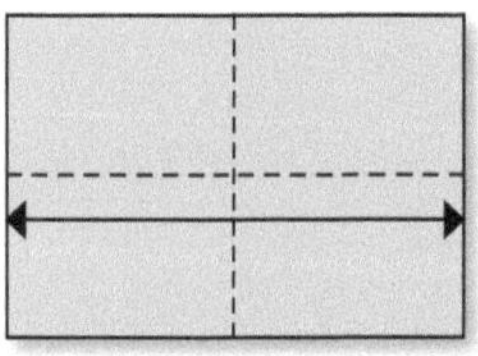

8 Seiten Querformat

Druckbogen in BB. Die Laufrichtung zeigt zur Breitseite (breite Kante) des Bogens.

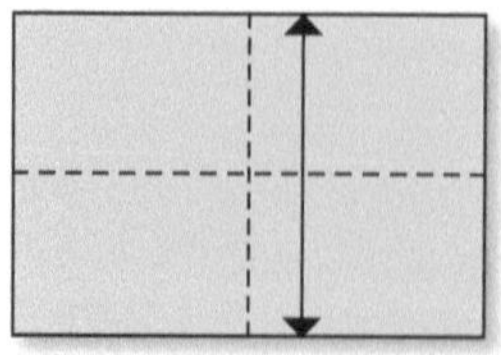

16 Seiten Hochformat

Druckbogen in BB. Die Laufrichtung zeigt zur Breitseite (breite Kante) des Bogens.

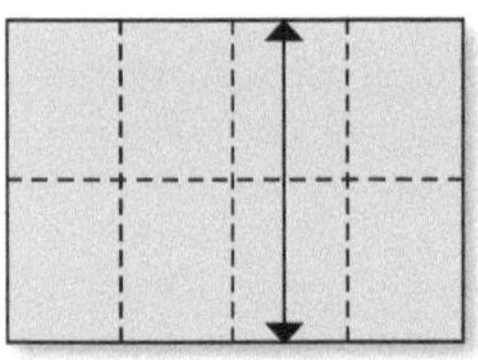

16 Seiten Querformat

Druckbogen in SB. Die Laufrichtung zeigt zur Schmalseite (kurze Kante) des Bogens.

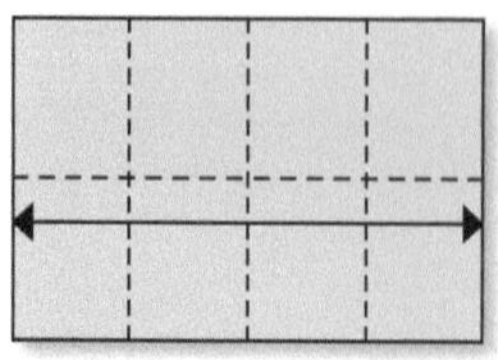

32 Seiten Hochformat

Druckbogen in SB. Die Laufrichtung zeigt zur Schmalseite (kurze Kante) des Bogens.

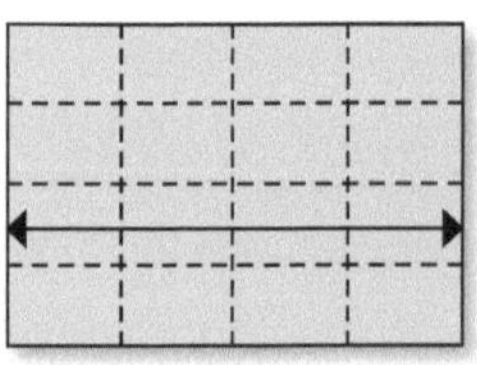

12. Wendearten eines Druckbogens

Nachdem die Vorderseite (bezeichnet als Schöndruck) eines Druckbogens bedruckt wurde, muss dieser – damit die Rückseite (bezeichnet als Widerdruck) auch bedruckt werden kann – gewendet werden. Dabei gibt es verschiedene Wendearten.

12.1 Umschlagen

Das Umschlagen beschreibt die Wendung des Druckbogens über die kurze Kante des Druckbogens. Hierbei bleiben die vorderen Anlagemarken des Druckbogens unverändert, die seitliche Anlagemarke wechselt. Dies bedeutet, dass für den Vorgang des Ausschießens der Greiferrand nur 1 x berücksichtigt werden muss.

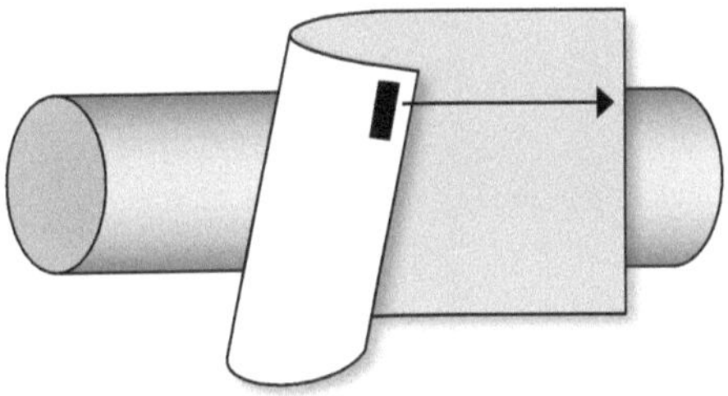

12.2 Umstülpen

Das Umstülpen beschreibt die Wendung des Druckbogens über die lange Kante des Druckbogens. Hierbei bleibt die seitliche Anlagemarke des Druckbogens unverändert, die vorderen Anlagemarken wechseln. Dies bedeutet, dass für den Vorgang des Ausschießens der Greiferrand 2 x berücksichtigt werden muss.

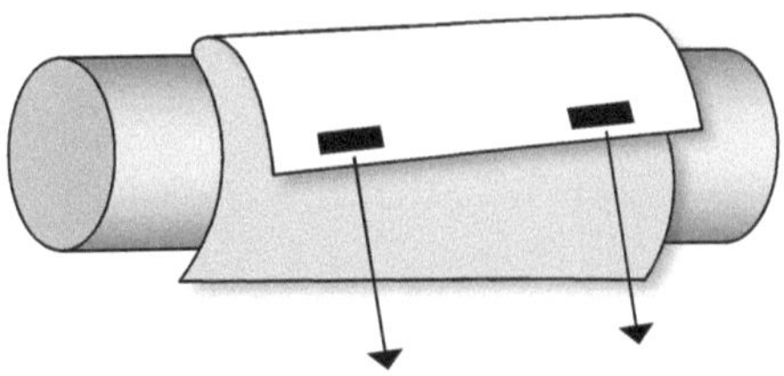

TLA
TeleLearn-Akademie

Audio und Video, Datenübertragung

Audio und Video, Datenübertragung

1. 1.000 oder 1.024? – das binäre und das dezimale Zahlensystem

In der Datenverarbeitung wird Speicherkapazität in Bits und Bytes **(1 Byte = 8 Bit)** gemessen. Um auch größere Datenmengen komfortabel bezeichnen zu können, wurden Kilobyte, Megabyte, Gigabyte, Terabyte etc. eingeführt. Theoretisch müsste ein Kilobyte 1.000 Byte entsprechen, doch aufgrund des von Computern verwendeten binären Zahlensystems entspricht ein Kilobyte 1.024 Byte. Gleichermaßen entspricht ein Megabyte 1.048.576 Byte (und nicht 1.000.000 Byte) und ein Gigabyte 1.073.741.824 Byte (und nicht 1.000.000.000 Byte).

Leider wird bei DVDs für die Einheiten Megabyte und Gigabyte nicht der binäre Standard verwendet, sondern der dezimale, also 1.000.000 Byte für ein Megabyte und 1.000.000.000 Byte für ein Gigabyte.

Das bedeutet, dass eine DVD mit 4,7 GB Speicherkapazität in binärer Zählweise nur 4,37 GB Speicherkapazität besitzt. Obwohl dieser Unterschied relativ gering ist, muss er berücksichtigt werden, wenn man vorhat, den Speicherplatz auf der DVD vollständig zu nutzen.

Des Zahlenwirrwarr nicht genug! Bei der Angabe der Daten(übertragungs)raten kommt es auf die Vorsilben an. In der abgekürzten Form wird oftmals zwischen dem kleinen »k« für den Faktor 1.000 und dem großen »K« für den Faktor 1.024 unterschieden. Aber auch das wird in der Literatur und Praxis leider nicht einheitlich verwendet!

2. Berechnung des unkomprimierten Videos

Wir gehen im Folgenden von einem DV-PAL-Videomaterial mit einer Bildbreite von 720 px und einer Bildhöhe von 576 px aus. Insgesamt liegen uns dann pro Bild 414.720 Pixel vor.

Die Farbinformation für jedes Pixel wird hier im RGB-Farbraum mit einer Farbtiefe von 8 Bit pro Farbkanal abgespeichert. Das ergibt bei den drei Farbkanälen 24 Bit.

Daraus ergibt sich die Dateigröße für ein Einzelbild nach folgender Formel:

$$\textbf{Dateigröße (in Byte)} = \frac{\textbf{Bildbreite (px)} * \textbf{Bildhöhe (px)} * \textbf{Farbtiefe (Bit)}}{\textbf{8 (Bit/Byte)}}$$

Die Teilung durch 8 dient der Umrechnung von Bit in Byte.

$$\text{Dateigröße} = \frac{720 * 576 * 24 \text{ Bit}}{8 \text{ (Bit/Byte)}}$$

Dateigröße = 1.244.160 Byte | *dann zweimal teilen durch 1.024*

Dateigröße = **1,19 MByte**

Im DV-PAL liegt die Bildrate bei 25 Einzelbildern pro Sekunde. Man muss also jetzt noch die Datenmenge für ein Bild mit 25 multiplizieren, um auf die Dateigröße für eine Sekunde unkomprimierten Videos zu kommen.

$$\textbf{Dateigröße (in Byte)} = \frac{\textbf{Bildbreite (px)} * \textbf{Bildhöhe (px)} * \textbf{Farbtiefe (Bit)} * \textbf{Bildrate (Bilder/s)} * \textbf{Länge (s)}}{\textbf{8 (Bit/Byte)}}$$

Das führt zu den gerundeten Werten von

- ⇨ 30 MB/Sekunde,
- ⇨ 1,7 GB/Minute,
- ⇨ 104 GB/Stunde.

Der Verbrauch an Festplattenspeicher ist bei der Videoproduktion also sehr hoch, ebenso der Datendurchsatz mit 30 MB/Sekunde. Für die Speicherung auf DVD-5 (4,7 GB bzw. 4,37 GB) wären pro Stunde Videomaterial dieses Formats über 20 Stück nötig.

Um diese Datenmenge zu reduzieren, gibt es eine Reihe von Komprimierungsverfahren, die eine ressourcenschonendere Verarbeitung von Videodaten ermöglichen.

3. Berechnung des unkomprimierten Audios

Die Größe von digitalen Audiodateien ergibt sich gemäß folgender Formel:

$$\textbf{Dateigröße (in Byte)} = \frac{\textbf{Auflösung (Bit)} * \textbf{Kanäle} * \textbf{Zeit (s)} * \textbf{Samplingrate (kHz)}}{\textbf{8 (Bit/Byte)}}$$

Auflösung (Bittiefe)

... ist die Informationsmenge, mit der jedes Abtastsignal gespeichert wird.

⇨ Genauigkeit mit der jedes Tonsignal unterschieden werden kann

- 8 Bit (256 Stufen)
- 16 Bit (65.536 Stufen)

Zahl der Kanäle

Mono: ein Kanal
Stereo: zwei Kanäle

Samplingrate (Samples pro Sekunde)

⇨ Die Samplingrate ist die Abtastrate oder -frequenz, mit der das analoge Tonsignal abgetastet wird.

⇨ Je dichter die Abtastpunkte zusammenliegen, umso genauer ist die Analog-Digital-Wandlung.

⇨ »Shannon-Theorem«: Die Samplingrate muss mindestens doppelt so hoch sein wie die höchste auftretende Signalfrequenz; da ein menschliches Gehör in der Lage ist, maximal Signale mit einer Frequenz von 20 kHz wahrzunehmen, führt das zu einer Samplingrate von 44,1 kHz (das analoge Tonsignal wird 44.100-mal pro Sekunde abgetastet).

Hieraus ergibt sich die folgende Berechnung:

Setzen wir zunächst die Auflösung auf übliche 16 Bit und die Samplingrate auf 44,1 kHz, ergibt sich für eine Sekunde Audio in Stereo nach der obenstehenden Formel folgende Dateigröße:

$$\text{Dateigröße (in Byte)} = \frac{16\text{ Bit} * 2 * 1\text{ s} * 44.100\text{ Hz}}{8\text{ (Bit/Byte)}}$$

$$\text{Dateigröße (in Byte)} = \frac{16\text{ Bit} * 2 * 1\text{ s} * 44.100\text{ (1/s)}}{8\text{ (Bit/Byte)}}$$

$$\text{Dateigröße (in Byte)} = 176.400\text{ Byte} \mid \textit{dann teilen durch 1.024}$$

$$\text{Dateigröße (in KByte)} = \textbf{172,27 KB}$$

Das entspricht den gerundeten Werten von

⇨ 172,27 KB/Sekunde,

⇨ 10,09 MB/Minute,

⇨ 605,64 MB/Stunde.

4. Datenraten und Dateigrößen

Hinweis:
Im Bereich der Datenübertragung (also auch bei Datenraten) steht das k in der Einheit kbit/s für 1.000. Im Unterschied dazu rechnet man bei Datei- bzw. Speichergrößen mit 1.024.

Die Berechnungen der Dateigrößen bei fest vorgegebenen Datenraten laufen im Audio- und Videobereich nach der gleichen Formel ab:

Dateigröße = Gesamtlänge * Datenrate

Dabei ist jedoch Folgendes zu beachten:

Je nach Verwendungszweck wird eine bestimmte Datenrate (z. B. 5 Mbit/s im Videobereich oder 128 kbit/s im Audiobereich) vorgegeben. Die vorhandenen Daten werden mithilfe bestimmter Komprimierungsverfahren in die vorgegebene Datenrate umgerechnet. Dabei unterscheidet man verlustfreie und verlustbehaftete Komprimierungsmethoden.

Beispiel

Hier ein kleines Rechenbeispiel für eine Videodatenmenge von 14 s Länge und einer Datenrate von 6.400 kBit/s.

Dateigröße = Gesamtlänge * Datenrate

Dateigröße = 14 s * 6.400 kBit/s

Dateigröße = 89.600.000 Bit

$$\text{Dateigröße} = \frac{89.600.000 \text{ Bit}}{8 \text{ (Bit/Byte)} * 1.024 * 1.024} \quad | \textit{Umrechnung Bit in MB}$$

Dateigröße = **10,68 MB**

5. Beispiel: CD-ROM-Multimediaprojekt

Beispiel

Ausgangssituation:

Für die neue Werbekampagne der Agentur »Farbenfroh« soll ein Werbeflyer mit eingelegter CD-ROM produziert werden. Auf der CD sind Musikaufnahmen und ein Videoclip einzubinden.

a) Die Musikaufnahmen werden in einem Tonstudio gemacht. Die Aufnahmen werden mit folgenden technischen Parametern geliefert:

   Gesamtlänge: 12 min/44,1 kHz/16 Bit/Stereo

   Was ist unter den Angaben zu verstehen und wie hoch ist die unkomprimierte Datenmenge?

b) Um die Datenmenge zu reduzieren, ist das MP3-Dateiformat vorgesehen.

   Es soll auf eine Datenrate von 128 kbit/s komprimiert werden, da dort die Qualität der Sounds noch gut erhalten bleibt.

   Wie groß sind die komprimierten Sounddateien?

c) Auf der CD wird auch ein nachvertonter 4,5-minütiger Videoclip gezeigt.
   Die weiteren technischen Daten des Videoclips lauten:

Video:	Format: 352 * 288 Pixel	Audio:	44,1 kHz
	Farbtiefe: 24 Bit		16 Bit
	Bildrate: 25 Bilder/Sekunde		Stereo

   Wie groß ist die Datenmenge des unkomprimierten Clips?

Lösung zu Aufgabe a)

$$\text{Dateigröße} = \frac{\text{Auflösung} * \text{Kanäle} * \text{Zeit} * \text{Samplingrate}}{8}$$

$$\text{Dateigröße} = \frac{16\ \text{Bit} * 2 * (12 * 60\ \text{s}) * 44.100\ \text{Hz}}{8\ (\text{Bit/Byte}) * 1.024 * 1.024}$$

Dateigröße = **121,12 MB**

Kurze Anmerkung zum Ergebnis:
Unkomprimiert nehmen die Sounds einen relativ großen Teil des Speicherplatzes der CD ein. Es besteht also das dringende Erfordernis, die Sounds zu komprimieren.

Lösung zu Aufgabe b)

Dateigröße = Gesamtlänge * Datenrate

Dateigröße = (12 * 60 s) * 128 kbit/s

Dateigröße = 720 s * 128.000 bit/s = 92.160.000 Bit

$$\text{Dateigröße} = \frac{92.160.000\ \text{Bit}}{8\ (\text{Bit/Byte}) * 1.024 * 1.024} \quad | \textit{Umrechnung Bit in MB}$$

Dateigröße = **10,99 MB**

Lösung zu Aufgabe c)

Um die Gesamtgröße des Videoclips zu berechnen, werden zwei Teilrechnungen benötigt. Zum einen wird die Dateigröße des Videomaterials und zum anderen die des Soundmaterials separat berechnet. Ausgangspunkt der Überlegungen zur Berechnung des Videomaterials bildet die Berechnung der Dateigröße für ein RGB-Bild.

Die Größe der digitalen **Videodatei** ergibt sich gemäß folgender Formel:

$$\textbf{Dateigröße} = \frac{\textbf{Bildbreite (px)} * \textbf{Bildhöhe (px)} * \textbf{Farbtiefe(Bit)} * \textbf{Bildfrequenz (f/s)} * \textbf{Länge (s)}}{\textbf{8 (Bit/Byte)}}$$

$$\text{Dateigröße} = \frac{352 * 288 * 24 \text{ Bit} * 25 \text{ f/s} * 4{,}5 \text{ min}}{8 \text{ (Bit/Byte)} * 1.024 * 1.024 * 1.024}$$

$$\text{Dateigröße} = \frac{352 * 288 * 24 \text{ Bit} * 25 \text{ f/s} * (240 \text{ s} + 30 \text{ s})}{8 \text{ (Bit/Byte)} * 1.024 * 1.024 * 1.024}$$

Dateigröße = **1,91 GB**

Die Größe der digitalen **Audiodatei** ergibt sich gemäß folgender Formel:

$$\textbf{Dateigröße} = \frac{\textbf{Auflösung} * \textbf{Kanäle} * \textbf{Zeit} * \textbf{Samplingrate}}{\textbf{8}}$$

$$\text{Dateigröße} = \frac{16 \text{ Bit} * 2 * 4{,}5 \text{ min} * 44{,}1 \text{ kHz}}{8 \text{ (Bit/Byte)} * 1.024 * 1.024}$$

$$\text{Dateigröße} = \frac{16 \text{ Bit} * 2 * 270 \text{ s} * 44.100 \text{ (1/s)}}{8 \text{ (Bit/Byte)} * 1.024 * 1.024}$$

Dateigröße = 45,42 MB

Dateigröße = **0,04 GB**

Und zum Schluss werden die Dateigrößen von Audio und Video zusammengerechnet.

Die Datenmenge des unkomprimierten, vertonten Clips (Audio + Video) beträgt somit **1,95 GB.**

Kurze Anmerkung zum Ergebnis:
Die Audio- und Videodaten müssen ebenfalls komprimiert werden! Dazu stehen zahlreiche Komprimierungsalgorithmen zur Verfügung.

6. Leitungsgebundene Übertragungstechniken

Stationäre Breitbandanschlüsse nutzen meist die schon vorhandenen Telefonanschlüsse. Aber auch die Nutzung der Kabelfernsehnetze ist möglich.

6.1 ISDN

ISDN ist die Abkürzung für »Integrated Services Digital Network«, bei dem die vorhandenen Telefonleitungen genutzt werden, um nicht nur Sprache, sondern auch Daten übermitteln zu können.

Voraussetzung für die Nutzung einer ISDN-Leitung zur Datenübertragung ist eine ISDN-Karte sowohl auf dem sendenden als auch auf dem empfangenden Rechner, wobei die Karten kompatibel sein müssen.

Außerdem muss das Programm, das die Verbindung zur ISDN-Leitung herstellt, aktiv sein. Daher wird in einer Umgebung mit hohem Datenaustausch über ISDN ein gesonderter Rechner dafür bereitgestellt, der selten ausgeschaltet wird.

Die Datenübertragung läuft auf einem oder zwei Kanälen, die jeweils 64 kBit/s Übertragungsrate ermöglichen. Unternehmen können auch Primärmultiplexanschlüsse nutzen. Ein solcher Anschluss stellt 32 ISDN-Kanäle mit jeweils 64 kbit/s zur Verfügung.

Zwar sind inzwischen wesentlich leistungsfähigere Verbindungstechniken verbreitet, der Vorteil der ISDN-Technik ist aber die flächendeckende Verfügbarkeit.

Hinweis:
Im Bereich der Datenübertragung (also auch bei Datenraten) steht das k in der Einheit kbit/s für 1.000. Im Unterschied dazu rechnet man bei Datei- bzw. Speichergrößen mit 1.024.

Aufgabe:

Eine 50 MB große Datei soll per ISDN übertragen werden. Berechnen Sie die Übertragungszeit.

Schritt 1: Berechnung der Übertragungsrate in Byte/s

$$\text{Übertragungsrate (in bit/s)} = 64 \text{ kbit/s} * 1.000 \text{ (bit/kbit)} = 64.000 \text{ bit/s}$$

$$\text{Übertragungsrate (in Byte/s)} = \frac{64.000 \text{ bit/s}}{8 \text{ (Bit/Byte)}} = 8.000 \text{ Byte/s}$$

Schritt 2: Umrechnung der Datenmenge in Byte

$$\text{Datenmenge (in Byte)} = 50 \text{ MB} * 1.024 * 1.024 \text{ (Byte/MB)} = 52.428.800 \text{ Byte}$$

Schritt 3: Berechnung der Übertragungszeit

$$\text{Übertragungszeit (in s)} = \frac{52.428.800 \text{ Byte}}{8.000 \text{ (Byte/s)}} = 6.554 \text{ s}$$

$$\text{Übertragungszeit (in h)} = \frac{6.554 \text{ s}}{3.600 \text{ (s/h)}} = \mathbf{1{,}821 \text{ h}}$$

Weitere Umrechnung in Stunden, Minuten und Sekunden:

1,821 h => **1 Stunde** und ein Rest von 0,821 h

0,821 h * 60 min/h = 49,26 min => **49 Minuten** und ein Rest von 0,26 Minuten

0,26 min * 60 s/min = 16 s => **16 Sekunden**

Lösung:

Die Übertragungszeit beträgt 1 Stunde, 49 Minuten und 16 Sekunden mit einem ISDN-Kanal. Bei einer Kanalbündelung würde die Hälfte der Zeit benötigt, also 54 Minuten und 38 Sekunden.

6.2 DSL

DSL ist die Abkürzung für »Digital Subscriber Line« (digitaler Teilnehmeranschluss).

Im Vergleich zu ISDN nutzt DSL zur Datenübertragung einen weitaus höheren Frequenzbereich und erreicht daher eine wesentlich höhere Datenrate.

DSL hat mehrere Varianten:

ADSL – asymmetrisches DSL

ist die meistverwendete DSL-Technik. Sie stellt dem Nutzer eine hohe Datenrate für den Empfang (Downstream) und eine wesentliche niedrigere Datenrate für den Versand (Upstream) zur Verfügung.

SDSL – symmetrisches DSL

ist für den gewerblichen Bereich konzipiert und stellt eine gleich hohe Bandbreite für das Senden und Empfangen von Daten zur Verfügung.

VDSL – Very High Speed – DSL

ist eine neue DSL-Technik, die hauptsächlich in Ballungszentren ausgebaut ist und durch noch höhere Übertragungsraten auch anspruchsvolle Dienste, wie z. B. IP-TV ermöglicht. VDSL ist asymmetrisch ausgelegt.

Tabelle: Typische Datenraten für DSL

DSL-Variante	Downstream	maximaler Upload
ADSL	6 Mbit/s	1,2 Mbit/s
SDSL	10 Mbit/s	10 Mbit/s
VDSL	25 Mbit/s	5 Mbit/s

Die tatsächliche Bandbreite aller DSL-Angebote ist allerdings sehr abhängig von der örtlich vorhandenen Telefontechnik-Infrastruktur sowie der Entfernung zur nächsten Vermittlungsstelle.

6.3 Kabel

Das ursprünglich noch von der deutschen Bundespost verlegte Fernsehkabelnetz ist auch als Breitbandanschluss nutzbar, sofern es örtlich vorhanden ist. Hier sind Datenraten von 32 Mbit/s im Downstream und 2 Mbit/s im Upstream üblich.

Aufgabe:

Eine 500 MB große Datei soll per DSL 6 Mbit/s übertragen werden. Berechnen Sie die Übertragungszeit.

Schritt 1: Berechnung der Übertragungsrate in Byte/s

$$\text{Übertragungsrate (in bit/s)} = 6\ \text{Mbit/s} * 1.000 * 1.000\ \text{(bit/Mbit)} = 6.000.000\ \text{bit/s}$$

$$\text{Übertragungsrate (in Byte/s)} = \frac{6.000.000\ \text{bit/s}}{8\ \text{(bit/Byte)}} = 750.000\ \text{Byte/s}$$

Schritt 2: Umrechnung der Datenmenge in Byte

$$\text{Datenmenge (in Byte)} = 500\ \text{MB} * 1.024 * 1.024\ \text{(Byte/MB)} = 524.288.000\ \text{Byte}$$

Schritt 3: Berechnung der Übertragungszeit

$$\text{Übertragungszeit (in s)} = \frac{524.288.000\ \text{Byte}}{750.000\ \text{(Byte/s)}} = 699{,}1\ \text{s}$$

$$\text{Übertragungszeit (in min)} = \frac{699{,}1\ \text{s}}{60\ \text{(s/min)}} = 11{,}65\ \text{min} \Rightarrow 11\ \text{Minuten und } 39\ \text{Sekunden}$$

Lösung:

Die Übertragungszeit beträgt 11 Minuten und 39 Sekunden.

7. Funkübertragungstechniken

Mit der Verbreitung mobiler Endgeräte haben die Funkübertragungswege enorm an Bedeutung gewonnen. Die Ausbaustufen der Techniken sind von Ort zu Ort sehr unterschiedlich und die Innovationsgeschwindigkeit ist hoch. Um die Leistungsfähigkeit der einzelnen Mobilfunkstandards einzuordnen, hat sich eine »Generationenschreibweise« etabliert.

7.1 2G – GSM, GPRS und EDGE

GSM (Global System for Mobile Communications) ist der erste digitale Standard für volldigitale Mobilfunknetze und weltweit am weitesten verbreitet. GSM ist nicht nur für Telefonie, sondern auch für die Datenübertragung nutzbar.

Zur paketvermittelten Datenübertragung in GSM-Netzen wird GPRS (General Package Radio Service) genutzt, das einen theoretischen Datendurchsatz von 171,2 kbit/s erlaubt. In der Praxis werden allerdings meist weit geringere Datenraten erreicht.

Mit der Entwicklung von EDGE (Enhanced Data Range for GSM Evolution) wurde die mögliche Datenrate in GSM-Netzwerken auf 220 kbit/s erhöht.

7.2 3G – UMTS/HSPA und WiMax

Mit dem Mobilfunkstandard UMTS (Universal Mobile Telecommunications System) sind Datenübertragungen mit bis zu 384 kbit/s möglich, die Erweiterung HSDPA (High Speed Downlink Packet Access) ermöglicht sogar Geschwindigkeiten von 7,2 Mbit/s.

WiMax (Worldwide Interoperability for Microwave Access) ist ein weiterer Mobilfunkstandard der dritten Generation und erreicht in der Praxis zwischen 2 und 5 Mbit/s Datendurchsatz in Abhängigkeit zur Entfernung von der Basisstation wie bei allen Funkstandards.

7.3 4G – LTE

LTE (Long Term Evolution) ist eine neue Mobilfunktechnik, die Download-Geschwindigkeiten bis zu 100 Mbit/s ermöglichen soll. Mit LTE soll eine ortsunabhängige permanente Verbindung von Endgeräten über Mobilfunk möglich werden. Der Ausbau von LTE befindet sich aber noch in den Anfängen.

Aufgabe:

Eine 500 MB große Datei soll per LTE 21,6 Mbit/s übertragen werden. Berechnen Sie die Übertragungszeit, wenn die verfügbare Übertragungsrate nur 55 % beträgt.

Schritt 1: Berechnung der Übertragungsrate in Byte/s

$$\text{Übertragungsrate}_{\text{brutto}} \text{ (in bit/s)} = 21{,}6 \text{ Mbit/s} * 1.000 * 1.000 \text{ (bit/Mbit)} = 21.600.000 \text{ bit/s}$$

$$\text{Übertragungsrate}_{\text{brutto}} \text{ (in Byte/s)} = \frac{21.600.000 \text{ bit/s}}{8 \text{ (bit/Byte)}} = 2.700.000 \text{ Byte/s}$$

$$\text{Übertragungsrate}_{\text{netto}} \text{ (in Byte/s)} = 2.700.000 \text{ Byte/s} * 0{,}55 = 1.485.000 \text{ Byte/s}$$

Schritt 2: Umrechnung der Datenmenge in Byte

$$\text{Datenmenge (in Byte)} = 500 \text{ MB} * 1.024 * 1.024 \text{ (Byte/MB)} = 524.288.000 \text{ Byte}$$

Schritt 3: Berechnung der Übertragungszeit

$$\text{Übertragungszeit (in s)} = \frac{524.288.000 \text{ Byte}}{1.485.000 \text{ (Byte/s)}} = 353{,}1 \text{ s}$$

$$\text{Übertragungszeit (in min)} = \frac{353{,}1 \text{ s}}{60 \text{ (s/min)}} = 5{,}88 \text{ min} \Rightarrow 5 \text{ Minuten und } 53 \text{ Sekunden}$$

Lösung:

Die Übertragungszeit beträgt 5 Minuten und 53 Sekunden.

TLA
TeleLearn-Akademie

Marketing

Marketing

1. Kennziffern zur Bestimmung der Marktgröße

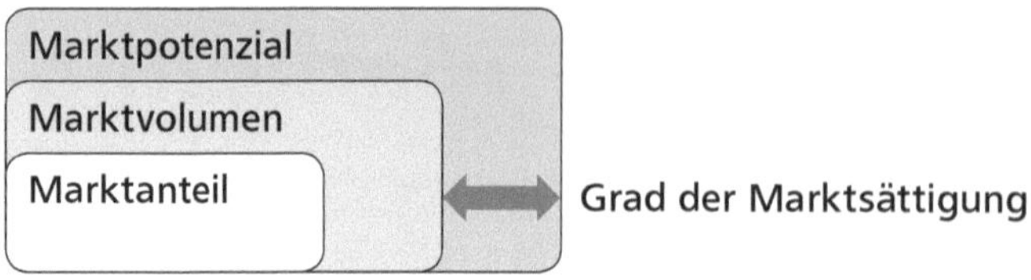

1.1 Marktpotenzial

Marktpotenzial: Summe des maximal möglichen Umsatzes oder Absatzes sämtlicher Anbieter eines Produkts bzw. einer Dienstleistung in einem bestimmten Zeitraum (in einem geografisch abgegrenzten Gebiet).

Beispiel (absatzbezogen):

Die gesamte Automobilindustrie in einem Land X kann im Jahr Y maximal 4 Mio. Einheiten absetzen.

Das Marktpotenzial kann immer nur geschätzt werden. Wichtige Einflussfaktoren bei der Bestimmung des Marktpotenzials sind beispielsweise:

- ⇨ Haushaltsnettoeinkommen
- ⇨ Anzahl Haushalte
- ⇨ Kaufkraft
- ⇨ Bisherige Ausstattung mit dem Produkt
- ⇨ Marketingaktivitäten (auch Konkurrenz)

Mögliche Hilfen zur Bestimmung des Marktpotenzials:

- ⇨ Kaufkraftdaten
- ⇨ Kaufabsichten messen (durch Marktforschung)
- ⇨ Statistiken auswerten: Ersatzkauf nach wie viel Jahren? Wie viele Erstkäufer treten auf den Markt? etc.

1.2 Marktvolumen

Marktvolumen: Tatsächlich realisierter Umsatz oder Absatz sämtlicher Anbieter eines Produkts bzw. einer Dienstleistung in einem bestimmten Zeitraum (in einem geografisch abgegrenzten Gebiet).

Beispiel (absatzbezogen):

Die gesamte Automobilindustrie in einem Land X setzte im Jahr Y tatsächlich 3,5 Mio. Einheiten ab.

1.3 Sättigungsgrad

Sättigungsgrad: Der Sättigungsgrad ergibt sich aus dem Verhältnis von Marktvolumen zu Marktpotenzial.

$$\text{Sättigungsgrad} = \frac{\text{Marktvolumen}}{\text{Marktpotenzial}} * 100$$

Beispiel (absatzbezogen):

$$\text{Sättigungsgrad} = \frac{\text{3,5 Mio. Einheiten}}{\text{4 Mio. Einheiten}} * 100 = 87{,}5\,\%$$

Diese Kennzahl informiert darüber, inwieweit ein Unternehmen auf dem betreffenden Markt noch wachsen kann. Bei einem niedrigen Sättigungsgrad sind insbesondere Marketingaktivitäten notwendig, um einen höheren Absatz oder Umsatz zu realisieren.

1.4 Marktanteil

Marktanteil (absolut): Der absolute Marktanteil beschreibt den von einem bestimmten Unternehmen tatsächlich realisierten Umsatz bzw. Absatz in einem bestimmten Zeitraum (in einem geografisch abgegrenzten Gebiet) im Verhältnis zum Marktvolumen.

$$\text{Marktanteil (absolut)} = \frac{\text{Unternehmensumsatz bzw. Unternehmensabsatz}}{\text{Marktvolumen}} * 100$$

Beispiel (absatzbezogen):

Der Autobauer Z konnte im Jahr Y im Land X insgesamt 1,2 Mio. Einheiten verkaufen. Die gesamte Automobilindustrie in einem Land X setze im Jahr Y 3,5 Mio. Einheiten ab. Somit beträgt der absolute Marktanteil von Autobauer Z:

$$\text{Marktanteil (absolut):} \frac{\text{1,2 Mio. Einheiten}}{\text{3,5 Mio. Einheiten}} * 100 = 34{,}29\,\%$$

Bei Verwendung von Umsatzzahlen spricht man von einem wertmäßigen Marktanteil und bei Verwendung von Absatzzahlen von einem mengenmäßigen Marktanteil.

Marktanteil (relativ): Der relative Marktanteil setzt den Marktanteil des betreffenden Unternehmens mit dem Marktanteil seines stärksten Wettbewerbers ins Verhältnis.

$$\textbf{Marktanteil (relativ)} = \frac{\textbf{eigener Marktanteil}}{\textbf{Marktanteil des stärksten Wettbewerbers}} * 100$$

Beispiel

Der Marktanteil des Autobauers Z betrug im Jahr Y im Land X 34,29 %. Im selben Zeitraum und geografischen Gebiet erzielte der stärkste Wettbewerber von Autobauer Z einen Marktanteil von 37,78 %.

Marktanteil (relativ): $\frac{34{,}29}{37{,}78} * 100 = 90{,}77\,\%$.

Je dichter das Ergebnis an 100 % liegt, umso geringer ist der Vorsprung des stärksten Wettbewerbers.

1.5 Marktwachstum

Das Marktwachstum ergibt sich, indem man das Marktvolumen im Planungszeitraum ins Verhältnis zum Marktvolumen des Vorjahrs setzt.

$$\textbf{Marktwachstum} = \frac{\textbf{Marktvolumen im Planungszeitraum}}{\textbf{Marktvolumen des Vorjahrs}} * 100$$

1.6 Marktanteilsentwicklung

Die Marktanteilsentwicklung beschreibt die Veränderungen des Marktanteils im Zeitverlauf (z. B. aktuelles Jahr im Vergleich zum Vorjahr).

$$\textbf{Marktanteilsentwicklung} = \frac{\textbf{Marktanteil Periode}}{\textbf{Marktanteil Vergleichsperiode}} * 100$$

2. Kennziffern der Mediaplanung

2.1 Bruttoreichweite

⇨ Bruttoreichweite (oder auch Bruttokontakte) = Kontakte von Personen mit einem Medium oder mehreren Medien absolut (in Mio.) oder relativ (in %).

⇨ Sämtliche Kontakte werden addiert, sodass nicht mehr ersichtlich ist, wie oft dieselben Personen erreicht wurden, d. h. mehrfach erreichte werden auch mehrfach gezählt (Zahl der Kontakte, nicht der Kontaktierten).

2.2 Nettoreichweite

⇨ Nettoreichweite (oder auch Nettokontakte) = Summe aller erzielten Kontakte von Personen mit einem Medium oder mehreren Medien (auch mit einem oder mehreren Werbemitteln).

⇨ Mehrfachkontakte einer Person werden dabei nicht berücksichtigt (Zahl der Kontaktierten).

2.3 Durchschnittskontakte

⇨ Durchschnittskontakte geben an, wie häufig jeder einzelne Nutzer mit einem oder mehreren Medien im Durchschnitt erreicht wurde.

⇨ In der Fachsprache werden die Durchschnittskontakte auch OTS (opportunity to see) bzw. OTH (opportunity to hear) genannt, je nachdem, ob es sich um ein visuelles oder um ein auditives Medium handelt.

2.4 Gross Rating Point (GRP)

Die GRPs eignen sich als Kriterium zum Leistungsvergleich verschiedener Mediapläne (Streupläne) für eine Zielgruppe. Er ist damit ein grobes Maß zur Beurteilung von Werbekampagnen.

Die Berechnung ergibt sich wie folgt:

Nettoreichweite (in %) * Durchschnittskontakte

Beispiel

Printkampagne mit der Zielgruppe Frauen im Alter von 20 bis 39 Jahren

- ⇨ Nettoreichweite 70 % bedeutet 70 % der Zielgruppe hat zumindest einmal eine Anzeige der Kampagne gesehen.
- ⇨ Im Durchschnitt hat jede erreichte Frau 4 Anzeigen gesehen (4 Durchschnittskontakte).
- ⇨ Der GRP ergibt sich damit wie folgt: 70 % * 4 = 280 GRP.

Dasselbe GRP-Ergebnis würde sich auch bei folgenden Konstellationen aus Nettoreichweiten und Durchschnittskontakten ergeben:

- ⇨ 40 % Nettoreichweite * 7 Durchschnittskontakte = 280 GRP
- ⇨ 70 % Nettoreichweite * 4 Durchschnittskontakte = 280 GRP

2.5 Tausend-Kontakte-Preis (TKP)

Der TKP zeigt, was es kostet, in einer Zielgruppe 1.000 Kontakte mit einer bestimmten Werbebotschaft zu erreichen.

$$\text{TKP} = \frac{\text{Plankosten}}{\text{Anzahl Kontakte (Bruttoreichweite absolut)}} * 1.000$$

2.6 Affinität und Affinitätsindex

Unter **Affinität** versteht man den Anteil der vorgegebenen Zielgruppe an der Gesamtnutzerschaft eines Mediums. Dieser Wert beschreibt die Nähe oder Entfernung eines Mediums zur anvisierten Zielgruppe.

Die Affinität wird zumeist als **Index** ausgedrückt und anhand der Reichweite innerhalb der Zielgruppe und der Reichweite innerhalb der Gesamtnutzerschaft eines Mediums errechnet.

Interpretation:

Ein Affinitätsindex von 100 bedeutet, dass die Reichweite in der Zielgruppe genauso groß ist wie die Reichweite bei den Gesamtnutzern. Somit nutzt die Zielgruppe das Werbemedium genauso stark wie die Gesamtnutzer. Ein Affinitätsindex von größer bzw. kleiner als 100 bedeutet hingegen, dass die Zielgruppe das Werbemedium intensiver bzw. weniger intensiv nutzt als die Gesamtnutzer.

2.7 Share of Advertisting (SOA)

Share Of Advertising (SOA) = Anteil der **Werbe***aufwendungen* eines Produkts bzw. einer Marke an der Summe der Werbeaufwendungen aller vergleichbaren Produkte/Marken (Aufwandanteil).

Beispiel

Die Gesamtwerbeaufwendungen in der Beispielgrafik verteilen sich auf insgesamt sechs Einzelmarken. Die Marke B hat hier einen SOA von 43 %. Sind beispielsweise die Gesamtwerbeaufwendungen 34 Mio. €, dann kommen also 14,62 Mio. € vom Hersteller der Marke B.

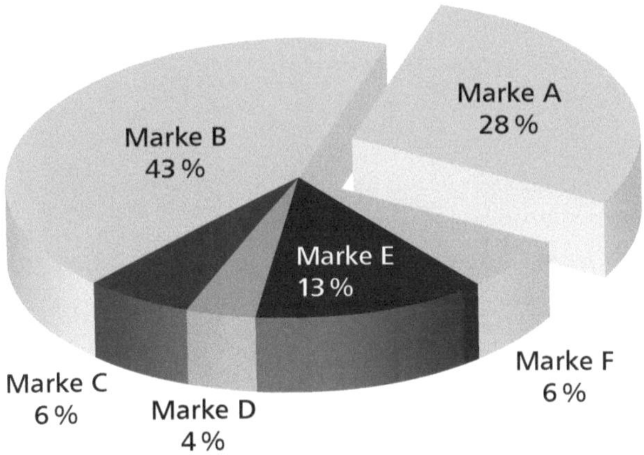

2.8 Share of Voice (SOV)

Share of Voice (SOV) = Anteil der **Werbe***kontakte* eines Produkts bzw. einer Marke an den Gesamtkontakten aller vergleichbaren Produkte/Marken (Kontaktanteil).

Beim SOV werden nicht die Aufwendungen, sondern die Kontakte verglichen.

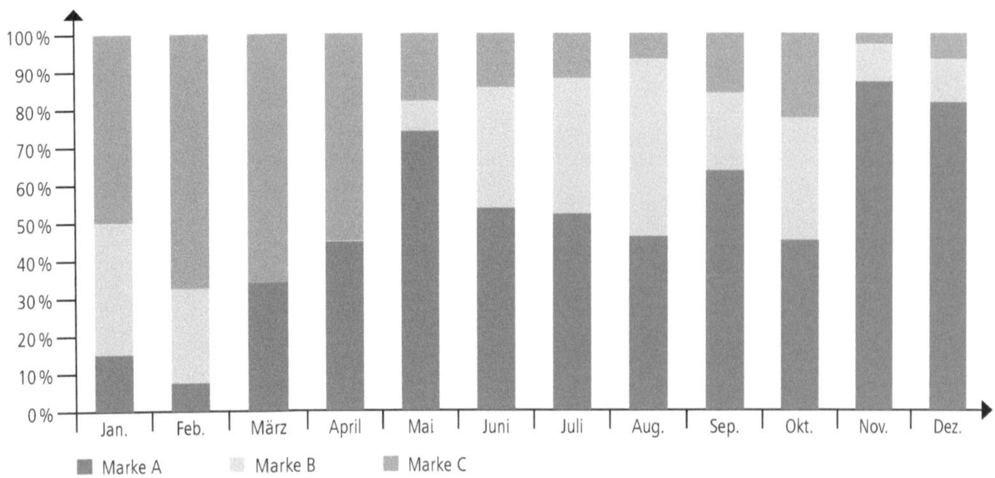

2.9 Spezielle Kennziffern der Online-Mediaforschung

Cost per Mille (CPM): entspricht dem »Tausend-Kontakte-Preis«
CPM beschreibt somit die Kosten für 1.000 Online-Werbemittelkontakte und dient als Maß für Buchungen.

Cost per Lead (CPL): »Preis pro Kontakt« oder Adresse
Bei dieser Abrechnungsform für Onlinewerbung wird der Vermarkter nach der Zahl der gewonnenen Kontakte bzw. Adressen (Lead) vergütet.

Cost per Click (CPC): »Preis pro Click«
Mit dieser Abrechnungsform für Onlinewerbung ermittelt man die Kosten für die Anzahl der Clicks, die die Internetnutzer auf ein Werbemittel verwendet haben. Ein Synonym für CPC ist Pay per Click (PPC).

Page Impression (PI): Aufruf einzelner Seiten innerhalb eines Onlineangebots

Click Through Rate (CTR): prozentuales Verhältnis der Klicks auf eine Werbung im Verhältnis zur Anzahl der Seitenaufrufe (Page Impressions) der Webseite

Visit: Besuch auf einer Website, bei dem die einzelnen Seiten des Webangebots aufgerufen werden. Visits sind eine fest definierte Maßeinheit für die Nutzung eines Internetangebots und beschreiben die Zusammenhänge der Webangebote mit dem Anwendungsvorgang der Website.

Wichtig ist, dass man Visits nicht mit der Zahl der Besucher verwechselt, da Nutzer ein Onlineangebot prinzipiell auch mehrmals aufrufen können. Ein Visit beginnt mit der Erzeugung einer Page Impression und jede weitere vom Besucher erzeugte Page Impression wird dem Visit zugeordnet.

3. Idealtypischer Ablauf eines Marketingkonzepts

Die folgende Grafik gibt Ihnen einen Überblick über die einzelnen Prozessstufen eines Marketingkonzepts:

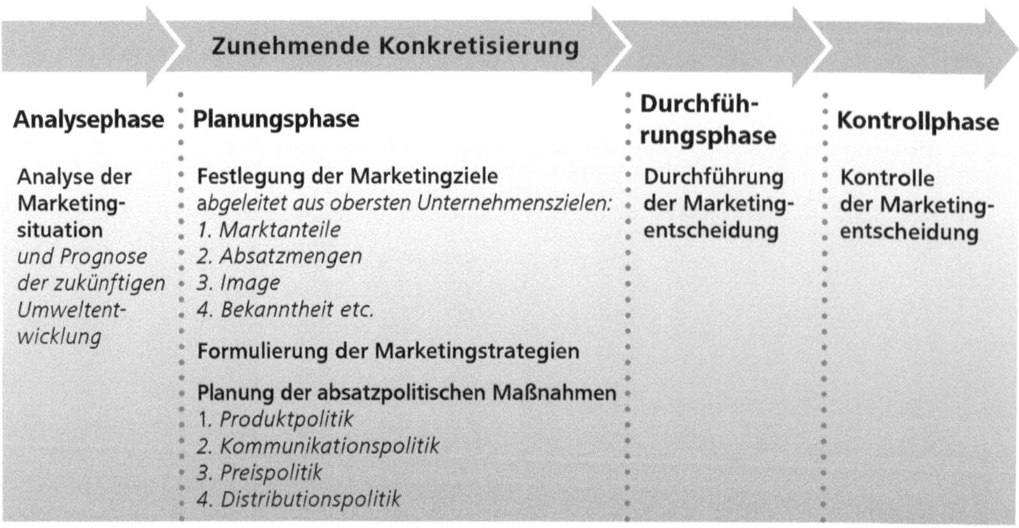

4. Analyse der Marketingsituation

4.1 Externe Analyse und Selbstanalyse

⇨ Die Analyse kann in eine *externe Analyse* und eine *Selbstanalyse* unterteilt werden.

- In der externen Analyse wird die äußere Situation des Unternehmens betrachtet.
- In der Selbstanalyse steht dagegen das Unternehmen selbst mit seinem Produkt und den Marktbedingungen im Fokus des Interesses.

⇨ Am Schluss der Analyse werden die Stärken und Schwächen (Strengths und Weaknesses) des Unternehmens und dessen Chancen und Risiken (Opportunities und Threats) in einer SWOT-Analyse verdichtet.

⇨ Stärken und Schwächen betreffen das eigene Unternehmen (Selbstanalyse), Chancen und Risiken hingegen beziehen sich auf die gesamte Umwelt (externe Analyse).

Externe Analyse

Kundenanalyse
Segmente, Motive, unerfüllte Bedürfnisse

Konkurrenzanalyse
Identität, strategische Gruppen, Leistung, Ziele, Strategien, Kostenstruktur, Stärken und Schwächen

Branchenanalyse
Größe, erwartetes Wachstum, Branchenstruktur, Markteintrittsbarrieren, Kostenstruktur, Vertriebssysteme, Trends, Schlüsselfaktoren des Unternehmenserfolgs

Umweltanalyse
technologische, wirtschaftliche, kulturelle, demografische, staatliche und auf Szenarien bezogene Informationsbedürfnisse

Chancen, Risiken und strategische Fragen

Selbstanalyse

Leistungsanalyse
Rentabilität, Marktanteil, Produktwert und -leistung, relative Kosten, Neuproduktaktivitäten, Entwicklung und Leistung der Führungskräfte, Kultur, Mitarbeiterverhalten

Bestimmungsfaktoren der strategischen Alternativen
vergangene und gegenwärtige Strategie, strategische Probleme, organisationsbedingte Möglichkeiten und Einschränkungen; finanzielle Mittel und Grenzen, Flexibilität, Starken und Schwächen

strategische Stärken und Schwächen bzw. Grenzen und Fragen

Identifikation und Auswahl der Strategie

4.2 SWOT-Analyse

Die Zusammenfassung einer Stärken-Schwächen-Analyse und einer Chancen-Risiken-Analyse bildet die sog. SWOT-Analyse. SWOT steht für »Strength-Weaknesses« (Stärken-Schwächen) und »Opportunities-Threats« (Chancen-Risiken).

Beispiel einer SWOT-Matrix:

Risiko
Verdrängungswettbewerb mit anderen Agenturen

Chancen
- Profilierung durch zusätzliches Geschäftsfeld »Events«
- Cross-Selling-Effekte

Schwäche
Agentur im Eventbereich (noch) unbekannt

Stärken
- beratungsorientiert
- serviceorientiert
- menschlich
- weitsichtig

4.3 Nutzwertanalyse

Die Nutzwertanalyse bietet die Möglichkeit, Stärken und Schwächen der Wettbewerber als meist nur sehr schwer messbare (eher qualitative) Kriterien zu quantifizieren, um daraus eine Beurteilung der Konkurrenzsituation abzuleiten.

Vorgehensweise:

⇨ relevante Kriterien festlegen

⇨ Gewichtung der Kriterien (z. B. 1 = weniger wichtig; 5 = sehr wichtig)

⇨ Bewertung »Wie wird das Kriterium erfüllt?« (z. B. 0 = negativ; 100 = positiv)

⇨ Multiplikation »Gewichtung« mit »Bewertung« (Teilnutzenwerte pro Kriterium bestimmen)

⇨ Gesamtsumme aller Kriterien bilden und Entscheidung gemäß höchstem Gesamtnutzenwert fällen

Wichtige Anmerkung:
Inwiefern der höchste oder der niedrigste Gesamtnutzenwert entscheidungsrelevant ist, hängt von der Interpretation der gewählten Skalenwerte ab. In diesem Beispiel sind kleine Werte »negativ besetzt« (1 = weniger wichtig bzw. 0 = negativ) und große Werte »positiv besetzt« (5 = sehr wichtig bzw. 100 = positiv). Grundsätzlich könnten allerdings auch kleine Werte »positiv« bzw. große Werte »negativ« interpretiert werden, wenn man das so definiert (siehe das deutsche Schulnotensystem).

Beispiel

Schritt 1: Relevante Kriterien festlegen

Bewertungskriterien	GF*	Eigener Betrieb		Wettbewerber A		Wettbewerber B	
		Rangzahl	Wert	Rangzahl	Wert	Rangzahl	Wert
Wie wird der Organisationsstand eingestuft?							
Welche Arbeitsqualität bietet der Betrieb?							
Preisniveau							
Werden Termine eingehalten?							
Wie ist die Ausrüstung?							
Bietet der Betrieb besondere Leistungen/Spezialitäten?							
Wird der Betrieb oft ohne ersichtlichen Grund beauftragt?							
Wie ist die Werbung?							
Wie stufen Sie die Entwicklungschancen ein?							
Wie ist der Standort aus Kundensicht?							
Summe							
Gewichtungsfaktor: Gewichtung der einzelnen Kriterien hinsichtlich ihrer Bedeutung (1 = weniger wichtig; 5 = sehr wichtig)							
Rangzahl: Wie gut wird das Kriterium erfüllt? (0 = negativ; 100 = positiv)							

* Gewichtungsfaktor

Schritt 2: Gewichtung der Kriterien
(z. B. 1 = weniger wichtig; 5 = sehr wichtig)

Bewertungskriterien	GF*	Eigener Betrieb		Wettbewerber A		Wettbewerber B	
		Rangzahl	Wert	Rangzahl	Wert	Rangzahl	Wert
Wie wird der Organisationsstand eingestuft?	3						
Welche Arbeitsqualität bietet der Betrieb?	5						
Preisniveau	5						
Werden Termine eingehalten?	5						
Wie ist die Ausrüstung?	3						
Bietet der Betrieb besondere Leistungen/Spezialitäten?	4						
Wird der Betrieb oft ohne ersichtlichen Grund beauftragt?	2						
Wie ist die Werbung?	4						
Wie stufen Sie die Entwicklungschancen ein?	4						
Wie ist der Standort aus Kundensicht?	4						
Summe							
Gewichtungsfaktor: Gewichtung der einzelnen Kriterien hinsichtlich ihrer Bedeutung (1 = weniger wichtig; 5 = sehr wichtig)							
Rangzahl: Wie gut wird das Kriterium erfüllt? (0 = negativ; 100 = positiv)							

* Gewichtungsfaktor

Schritt 3: Bewertung »Wie wird das Kriterium erfüllt?«
(z. B. 0 = negativ; 100 = positiv)

Bewertungskriterien	GF*	Eigener Betrieb		Wettbewerber A		Wettbewerber B	
		Rangzahl	Wert	Rangzahl	Wert	Rangzahl	Wert
Wie wird der Organisationsstand eingestuft?	3	**65**		**75**		**50**	
Welche Arbeitsqualität bietet der Betrieb?	5	**90**		**90**		**90**	
Preisniveau	5	**95**		**70**		**95**	
Werden Termine eingehalten?	5	**80**		**85**		**65**	
Wie ist die Ausrüstung?	3	**85**		**95**		**60**	
Bietet der Betrieb besondere Leistungen/Spezialitäten?	4	**55**		**65**		**45**	
Wird der Betrieb oft ohne ersichtlichen Grund beauftragt?	2	**75**		**80**		**80**	
Wie ist die Werbung?	4	**80**		**60**		**85**	
Wie stufen Sie die Entwicklungschancen ein?	4	**60**		**60**		**60**	
Wie ist der Standort aus Kundensicht?	4	**50**		**70**		**90**	
Summe							
Gewichtungsfaktor: Gewichtung der einzelnen Kriterien hinsichtlich ihrer Bedeutung (1 = weniger wichtig; 5 = sehr wichtig)							
Rangzahl: Wie gut wird das Kriterium erfüllt? (0 = negativ; 100 = positiv)							

* Gewichtungsfaktor

Schritt 4: Multiplikation »Gewichtung« mit »Bewertung«
(Teilnutzenwerte pro Kriterium bestimmen)

Bewertungskriterien	GF*	Eigener Betrieb		Wettbewerber A		Wettbewerber B	
		Rangzahl	Wert	Rangzahl	Wert	Rangzahl	Wert
Wie wird der Organisationsstand eingestuft?	3	65	**195**	75	**225**	50	**150**
Welche Arbeitsqualität bietet der Betrieb?	5	90	**450**	90	**450**	90	**450**
Preisniveau	5	95	**475**	70	**350**	95	**475**
Werden Termine eingehalten?	5	80	**400**	85	**425**	65	**325**
Wie ist die Ausrüstung?	3	85	**255**	95	**285**	60	**180**
Bietet der Betrieb besondere Leistungen/Spezialitäten?	4	55	**220**	65	**260**	45	**180**
Wird der Betrieb oft ohne ersichtlichen Grund beauftragt?	2	75	**150**	80	**160**	80	**160**
Wie ist die Werbung?	4	80	**320**	60	**240**	85	**340**
Wie stufen Sie die Entwicklungschancen ein?	4	60	**240**	60	**240**	60	**240**
Wie ist der Standort aus Kundensicht?	4	50	**200**	70	**280**	90	**360**
Summe							
Gewichtungsfaktor: Gewichtung der einzelnen Kriterien hinsichtlich ihrer Bedeutung (1 = weniger wichtig; 5 = sehr wichtig)							
Rangzahl: Wie gut wird das Kriterium erfüllt? (0 = negativ; 100 = positiv)							

* Gewichtungsfaktor

Schritt 5: **Gesamtsumme über alle Kriterien bilden und Entscheidung gemäß höchstem Gesamtnutzenwert**

Bewertungskriterien	GF*	Eigener Betrieb		Wettbewerber A		Wettbewerber B	
		Rangzahl	Wert	Rangzahl	Wert	Rangzahl	Wert
Wie wird der Organisationsstand eingestuft?	3	65	195	75	225	50	150
Welche Arbeitsqualität bietet der Betrieb?	5	90	450	90	450	90	450
Preisniveau	5	95	475	70	350	95	475
Werden Termine eingehalten?	5	80	400	85	425	65	325
Wie ist die Ausrüstung?	3	85	255	95	285	60	180
Bietet der Betrieb besondere Leistungen/Spezialitäten?	4	55	220	65	260	45	180
Wird der Betrieb oft ohne ersichtlichen Grund beauftragt?	2	75	150	80	160	80	160
Wie ist die Werbung?	4	80	320	60	240	85	340
Wie stufen Sie die Entwicklungschancen ein?	4	60	240	60	240	60	240
Wie ist der Standort aus Kundensicht?	4	50	200	70	280	90	360
Summe			**2.905**		**2.915**		**2.860**
Gewichtungsfaktor: Gewichtung der einzelnen Kriterien hinsichtlich ihrer Bedeutung (1 = weniger wichtig; 5 = sehr wichtig)							
Rangzahl: Wie gut wird das Kriterium erfüllt? (0 = negativ; 100 = positiv)							

* Gewichtungsfaktor

Entscheidung gemäß höchstem Nutzwert: Hier ist der Wettbewerber A mit insgesamt 2.915 Punkten am besten.

4.4 Produktlebenszyklus

⇨ Darstellung des Prozesses zwischen der Markteinführung eines Produkts und seiner Herausnahme aus dem Markt

⇨ Unterteilung der „Lebensdauer" eines Produkts in mehrere Phasen, die unterschiedliche Aufgaben an eine aktive Produktpolitik stellen

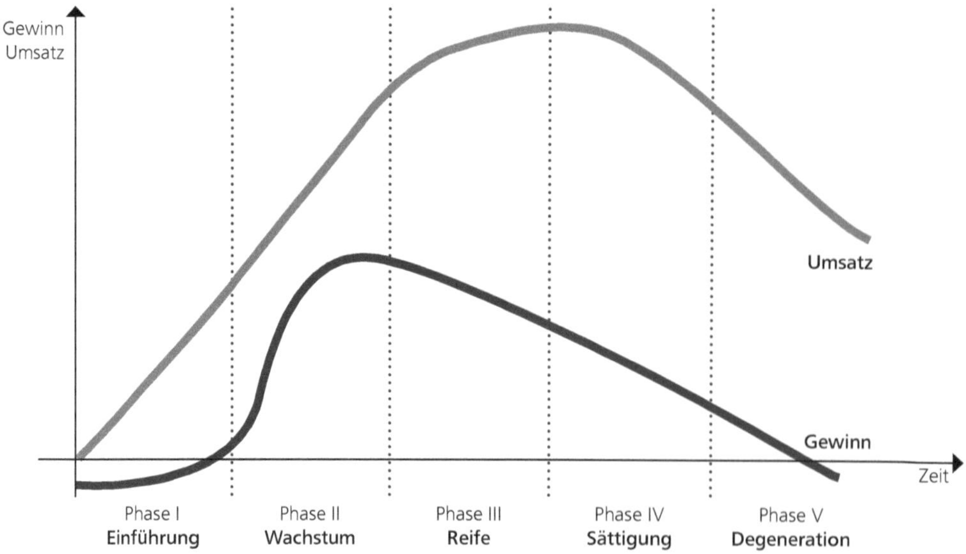

Phase I: Einführung

⇨ Produkt ist für den Markt noch neu

⇨ zumeist noch Widerstand der Zielgruppe gegenüber Produkt (abhängig vom Innovationsgrad)

⇨ Umsatz gering, aber hohe Kosten für Produktion, Marketing und Vertrieb

⇨ noch kein Gewinn

⇨ Marketingmaßnahmen: Bekanntmachung bzw. Aktualisierung des Angebots

⇨ keine oder wenige Wettbewerber

Phase II: Wachstum

⇨ überdurchschnittlicher Umsatzzuwachs

⇨ Umsatz beruht auf zeitverzögerter Wirkung der Marketingmaßnahmen bzw. auf zunehmender Produktakzeptanz

⇨ Kostendegressionseffekte, Gewinne steigen rasch an

⇨ Marketingmaßnahmen: Präferenzschaffung für das eigene Produkt

⇨ erste Konkurrenten werden angelockt

Phase III: Reife

⇨ zumeist die längste Marktphase

⇨ profitabelste Phase, da die Umsatzkurve hier am höchsten ist

⇨ Gewinne allmählich rückläufig, da die Konkurrenz sehr stark ist (Preiswettbewerb)

⇨ Marketingmaßnahmen: geeignetes Erhaltungsmarketing (Kundenbindungsmaßnahmen) und Produktvariationen anbieten

Phase IV: Sättigung

⇨ Umsatz und Gewinn (stark) rückläufig

⇨ Marktpotenzial weitestgehend ausgeschöpft, Stagnation der Nachfrage

⇨ Marketingmaßnahmen: Aufhalten des Umsatzrückgangs bzw. Erreichen eines erneuten Umsatzwachstums, um den Produktlebenszyklus zu verlängern

⇨ Anzahl der Konkurrenten unverändert oder rückläufig

Phase V: Degeneration

⇨ weiterer Umsatzrückgang, ggf. werden Verluste erzielt

⇨ zumeist bereits andere Produkte auf dem Markt, die billigere, bessere und/oder bequemere Problemlösungen bieten

⇨ Marketingmaßnahmen: Produktelimination, Relaunch

⇨ Ausscheiden von Konkurrenten aus dem Markt

4.5 Portfolioanalyse

⇨ Veranschaulichung der strategischen Position eines Unternehmens bzw. seiner Produkte auf hochaggregierter Ebene

⇨ Ziel: Planung eines ausgewogenen Produktprogramms bei Berücksichtigung der Marketingziele

⇨ entwickelt von der Boston Consulting Group

⇨ 4-Felder-Matrix mit zwei Achsen:

_ X-Achse = relativer Marktanteil (im Vergleich zum stärksten Wettbewerber)

_ Y-Achse = Marktwachstum in %

⇨ Entstehung von 4 Quadranten, denen Normstrategien zugewiesen werden können

Questionmarks

- Produkt in der Einführungsphase
- hohes Wachstum
- kein nennenswerter Marktanteil

Stars

- Wachstumsphase
- Gewinnbringer
- Reinvestieren der Gewinne sinnvoll

Dogs

- Sättigungs- oder Degenerationsphase
- vom Markt nehmen

Cash Cows

- Reifephase
- Gewinnbringer
- kein weiteres Marktwachstum zu erwarten

Optimales Portfolio =
ausgewogene Mischung aus Stars, Cash Cows und Questionmarks

Stichwortverzeichnis